マネジャーの教科書

HBR'S 10 MUST READS FOR NEW MANAGERS

ハーバード・ビジネス・レビュー
マネジャー論文
ベスト11

ハーバード・ビジネス・レビュー編集部＝編
DIAMONDハーバード・ビジネス・レビュー編集部＝訳

ダイヤモンド社

HBR's 10 Must Reads For New Managers
by Harvard Business Review

はじめに

本書は、マネジャー（管理職）に昇格したばかりの人、マネジャーとして孤軍奮闘している人、マネジャーの職務の壁にぶち当たって困惑している人、そうしたマネジャーを指導する立場にいる経営層、そして将来のマネジャー候補の人向けに、世界の俊英が書いた論文を集めています。

米国の名門経営大学院、ハーバード・ビジネス・スクールの教育理念に基づいて、一九二二年、マネジメント誌*Harvard Business Review*（ＨＢＲ：ハーバード・ビジネス・レビュー）が発刊されました。同編集部とダイヤモンド社が提携して、日本語版『ＤＩＡＭＯＮＤハーバード・ビジネス・レビュー』（ＤＨＢＲ）を一九七六年に創刊しました。今日、ＤＨＢＲは月刊誌として、「優れたリーダー人材に貢献する」という編集方針の下、学術誌や学会誌のような難解さを排し、「実学」に資する論文を提供しています。ビジネスパーソンがマネジメント思想やスキルを独学したり、管理職研修や企業内大学、さらにはビジネススクールで教材として利用したりしています。

そのHBR誌の掲載論文から、HBR編集部が「マネジャーが読むべきもの」として厳選した一一本の論文を集めたものが、本書です（各論文執筆者の肩書きは基本的に、論文発表時のものです）。

第1章「新任マネジャーはなぜつまずいてしまうのか」は、初めてマネジャー（管理職）になった人が直面しがちな課題を挙げ、それへの対処法を示しています。課題の原因は往々にして、マネジャーについての誤解があり、それを解き、改善していく方法を提示します。新米マネジャーを、その上司がいかにフォローしていくかについても言及しています。

第2章「メンバーを変えずにチームで変革を進める法」は、転職や異動によって、新たな部署やチームのマネジャーに就任した人に向け、アドバイスしています。まず、チームに与えられた使命や目標に対して、チーム全体や個々のメンバーがどれくらいの実力にあるか評価します。そのうえで不足部分を、メンバーの入れ替え、教育・指導、業務運営方法の改善で補っていく、というように順序立てて対応策を説明しています。

第3章「新人マネジャーを育てるコーチング技法」は、新人マネジャーの上司へのアドバイスです。マネジャーは必ずしも自律的に一人前になっていくわけではないという現実を踏まえて、その上司がコーチすることで成長させていく方法を明らかにしています。

第4章「あなたは『二四時間働く』仕事人間になれるか」は、「仕事ができる人は長時間働いている」という考え方がいかに誤りで、弊害をもたらし、この考え方を変えていくことがマネジャーには求められているという趣旨の論文です。労働時間というインプットではなく、成果というアウトプットで従業員を評価することなど、とても今日的なテーマです。

中間管理職たるマネジャーは、チームの目標達成に向け、部下が自発的に仕事に取り組むように誘導しなければなりません。そのために必要な〝武器〟としての「説得術」を解説するのが、第5章「『説得』の心理学」です。行動科学の諸実験に基づく五原則を示しています。

第6章「心の知能指数『EQ』のトレーニング法」は、一九九〇年代半ばから定評を得ているEQ（心の知能指数）で見るマネジャー論です。EQの五つの因子（自己認識、自己統制、モチベーション、共感、ソーシャルスキル）がどのようにマネジャー業務に関わっているかを示しています。

自分らしさを大切にする「オーセンティック・リーダーシップ」に近年注目が集まっています。しかし、第7章「『自分らしさ』が仇になる時」では、過度に自分のスタイルにこだわることは、リーダーとしての成長を阻害しかねない、と警告します。昇進や異動により新しい職責を担う場合や、異なる文化や価値観に直面するグローバル環境では、従前とは異なるリーダーシップが要求されます。周囲の状況に適応しながら、自分らしさも失わないリーダーシップ開発の手法を紹介します。

第8章「上司をマネジメントする」では、賢い人は、上司との関係は持ちつ持たれつであり、これを管理しないと、仕事がうまくいかないことを心得ていると分析します。上司が部下との関係を管理する責任を負っているのと同じく、部下は上司との関係に責任を負っていると言い、上司をマネジメントする意義と、その実践法を説きます。

第9章「人脈の戦略」では、リーダーへの転換期を迎えたマネジャー三〇人に、二年間にわたって追跡調査を実施し、マネジャーがリーダーへと成長するには人脈づくりに戦略的に取り組まなければならないことを明らかにしています。リーダーへの階段を上がる時、周囲からの支援が必要になるという事実を受け止め、相互に支援し合える関係に発展させるスキルが欠かせません。リーダーとしてしかるべき成長を遂げるには、そうした取り組みを政治的と切って捨てるのではなく、組織や業務という垣根を超えた新たな人間関係を構築し、それを活用する方法を学ばなければならないと論じます。

第10章「マネジャーの時間管理法：『サル』を背負うべきは誰か」は、やっかいなお荷物（仕事）を「サル」という表現で例えて、マネジャーが陥りがちな罠を指摘します。マネジャーはついサルを自分で引き受けてしまい、自分の時間を失ってしまうという罠です。これは、部下に仕事の指示を与え、管理するというスタイルに縛られてしまうことに主因があります。筆者は、部下に考えさせ、意思決定させるように権限委譲することを提案し、その方法を提示します。この論文は多くの支持を得て、その電子版の売上高は多大なものになっています。本章の最後に、背景となるマネジャーが抱える課題を、著書『7つの習慣』がベストセラーとなっているスティーブン・R・コヴィーが解説しています。

第11章「リーダーとマネジャーの大いなる相違」は、さらなる高みを目指す人向けの論文です。一部門の管理職から、事業全体を率いるリーダーへと初めて昇進した時、優秀な人材であっても、思うように成果が出せないことが多いものです。過去の成功を支えたスキルやノウハウだけでは対応し切れず、もっと幅広く全体を見通し、戦略的な視点が必要になるからです。新しい役割へと移行する際には、スキルやマインドセットの面で「七つの変化」を遂げなくてはならないとして、その具体策を提案しています。

いずれの論文も、マネジャーが孤独な戦いを強いられている実情を的確にとらえています。そして、今日の日本のマネジャーやその上司、そして日本企業が直面する課題に合致するテーマとなっており、即効性のある解決策を提示しています。読者の皆様の問題解決や、ビジネスのさらなる発展にお役に立てることと存じます。なお、論文集ですから、ご関心のあるテーマから読まれることをおすすめします。

DIAMOND ハーバード・ビジネス・レビュー編集部

『マネジャーの教科書』

目次

第**1**章

新任マネジャーは なぜつまずいてしまうのか

ハーバード・ビジネス・スクール 教授
リンダ A. ヒル

"Becoming the Boss"
Harvard Business Review, January 2007.
邦訳「新任マネジャーはなぜつまずいてしまうのか」
『DIAMONDハーバード・ビジネス・レビュー』2007年3月号

リンダ A．ヒル
(Linda A. Hill)
ハーバード・ビジネス・スクールのウォレス・ブレット・ドーナム記念講座教授。経営管理論を担当。著書に*Becoming a Manager*, Harvard Business School Press, 1992.（2003年改訂第2版が刊行)、『ハーバード流　逆転のリーダーシップ』（日本経済新聞社、2015年)。

管理職になってみて気づくこと

どれほど才能に恵まれていようと、リーダーへの道は学習と研鑽の連続であり、果実は艱難辛苦の末に得られる。その最初のハードルは、初めて部下を持った時に訪れる。当たり前だからであろうか、誰も気に留めない。まったく残念なことだ。なぜなら、通過儀礼の一つとはいえ、ここでの試練が本人と企業、それぞれの行く末に決定的な影響を及ぼすからである。リーダーへの道を踏み出すうえで最初の体験ゆえ、けっして消えることのない影響が残る。数十年後、彼ら彼女らはこの最初の数カ月間を、自身のリーダーシップ哲学とスタイルを形づくった体験として思い出す。その影は現役最後の日までつきまとい、悪くすれば手かせ足かせになるのではないかとも懸念される。業績と資質を認められて昇格した人物が、管理職という仕事に順応できなければ、企業は人的資本の面でも財務の面でも多大な損失を被るだろう。

管理職の仕事は一筋縄でいくものではなく、失敗がつきものである。新米マネジャーの誰でもかまわない、辞令を受け取った直後の日々について尋ねてみよう。また経営陣に同じ質問をして、新米マネジャーだった頃の自分を思い出してもらおう。

正直に答えてくれる相手ならば、進むべき方向がわからず、途方に暮れていたといった話を語ってくれるかもしれない。あるいは、初めてのことに戸惑い、不安で押し潰されそうになった経験を打ち明けてくれるかもしれない。「自分の想像と大きくかけ離れていた」「手に余る重責だと思った」「職掌範囲がどうこうというよりも、リーダーシップなど関係ないとしか言いようがなかった」等々――。

某証券会社の新任支店長の言葉を借りれば、次のようになる。「ろくな権限もないまま人の上に立つことが、どれほどやっかいなことか、おわかりになりますか。うまく言い表せませんが、あえて申し上げれば、子どもが生まれる時のような気持ちです。生まれるまでは、まだ親ではありません。しかし生まれてくれれば、母親なり父親になります。しかもその瞬間から、経験がなくても、子育てができて当然と思われるわけです」

このように、リーダーの道における最初のハードルは難しく、だからこそ重要である。しかし意外にも、新米マネジャーたちがその時に直面する課題や経験に、これまでほとんど目が向けられてこなかった。リーダーシップにまつわる書籍は、どれを選んでよいのかわからないくらいに、書店の棚にあふれている。しかし、マネジャーの心得を身につける難しさを取り上げた本、とりわけ新米マネジャーのために書かれた類のものは皆無に近い。

私はおよそ一五年間、管理職に昇格するというキャリア上の節目について、とりわけ花形社員のそれについて研究してきた。それは、新米マネジャーたちに向けて、マネジャーの心得を身につける苦労を本音で語り合えるフォーラムを開くという構想があったからである。そこでまず、それまでにあまり例のない試みとして、新米マネジャー一九人を対象に昇進後の一年間について調査し、彼ら彼女らが自身の経験をどのように考えているのかを把握することにした。具体的には、「一番大変だったことは何か」「何を学ばなければならなかったか」「どのように学習したか」「立場の違いに早く慣れ、新しい仕事を学ぶうえで利用した経営資源は何か」を解明しようとしたのである。

この第一回目の調査については、一九九二年に私が出版した*Becoming a Manager*の中でその結果を披露している。それ以後、部下を抱えることに伴う自己変革をテーマに調査を続けてきた。また、さまざまな職種や業界の新米マネジャーを取り上げたケーススタディを作成し、新任マネジャー向けのリーダーシップ研修を企画したり、指導したりしてきた。製品やサービスを抱き合わせて提供するには、部門間の協力が不可欠である。またスリム化を推し進めつつ機動力を高めるために、サプライヤー、顧客、時には競合他社と協働する戦略的提携も増えている。そのような中、新米マネジャーたちの声に耳を傾けてみると、管理職に昇格することの難しさはかつてとは比べものにならない。

あえて強調するが、調査対象となった新米マネジャーたちの苦労はけっして特別なものではなく、むしろ典型的といえる。また彼ら彼女らは、赤字会社で働く、出来の悪いマネジャーではない。まったく新しい責任を背負うという一般的な問題に直面した、ごく普通の人たちである。その大多数は、管理職として自己変革していく過程をどうにか切り抜け、どのように新たな役割を果たしていけばよいかを学んでいく。

とはいえ、その過程で無用な傷が少なければ、その分、彼ら彼女らはもっと力を発揮できるのではなかろうか。ちょっと想像してみてほしい。

リーダーの道における最初のハードルを、新米マネジャーたちが無事乗り越えられるには、マネジャーの心得、つまり管理職に課せられた真の役割を理解させる必要がある。新米マネジャーの大半が自分自身のことを、管理職であり、また指導者であると考えている。そして、リーダーシップにまつわる美辞麗句を口にし、ほぼ例外なく重荷を背負い込む。しかし、肝心のリーダーシップをおざなりにしてしまう。

マネジャーの心得が身につかない理由

そもそも、管理職に求められる能力は新米マネジャーの能力を超えているものだが、本人たちは予想以上の大仕事であることを早々に悟る。そして、リーダーとして成功するために必要なスキルや手法が、かつて一社員だった時に必要とされたものとはまったくの別物であることを知って驚く。しかも、自分のいまの能力が、管理職という新しい立場に求められる要件を満たしていないことにも驚く。

以前は、専門知識と実行力が成功のカギだった。しかしいまや、チーム全体の行動指針を定め、それを実現させる責任を負っている。このような能力は、一プレーヤーとしての経験だけでは足りない。前述の証券会社の新任支店長、マイケル・ジョーンズの例を見てみよう（本稿に出てくる個人名はすべて仮名である）。

個人投資家向けの仲介業務を担当するブローカー歴一三年のマイケルは、地元では積極性と革新性にあふれたスペシャリストとして、それまで華々しい業績を上げてきた。彼が働く会社では、新任支店長は個人の能力と業績に基づいて、一般社員の中から抜擢されるのが慣例だった。そのため、地域本部長が彼を推した時も、誰一人として驚かなかった。

本人にも、「マネジャーの心得くらいわきまえている」という自負があった。事実、彼はそれまでに「自分が支店長ならば、支店の問題解決と業務改善に積極的に取り組み、間違いなく成功していたはずだ」といった発言を繰り返していた。ところが、昇格して一カ月後、彼は焦りに焦った。自分の構想をそのまま実行することが、想像していた以上に難しかったからである。安らかな「安心な毛布《セーフ・ブランケット》」(注)を手放してしまったこと、そしてもはや後戻りは許されないことを彼は悟った。

マイケル本人にはショックだったであろうが、けっして珍しいことではない。概してマネジャーの心得は実際の仕事の中で体得していくものであり、教室で学ぶことはできない。すなわち、リーダーシップは実践を通じて獲得するスキルであり、とりわけ新米マネジャーたちは既存の能力を超えた仕事を担い、試行錯誤によって前進することで学ぶしかない。

花形と呼ばれた社員たちはミスを犯した経験が乏しく、道を失ったり、迷ったりすることにまったく馴染みがない。しかも、試行錯誤にはストレスがつきものである。また、「いままさに学習している」とはたと気づく新米マネジャーなどほとんどいない。なるほど、学習は漸進的にゆっくりと進んでいくものだ。

ゆっくりとはいえ学習が促され、一社員時代の素晴らしい成功を支えてきた思考様式や習慣から脱皮するにつれて、新米マネジャーに新たなアイデンティティが芽生えてくる。こうして新たな考え方と生き方を身につけ、新たな成功の尺度と、仕事から満足を得る新たな方法を見出す。当然のことだが、このように心理的に順応していくには気苦労も多い。「昇格がこんなにつらいものとは知りませんでした」と語った新米マネジャーもいるほどだ。

しかし、つらいだけではなく、ストレスも絶えない。新米マネジャーが必ず頭を悩ませる疑問が二つある。それは「マネジメントという仕事を好きになれるか」「マネジメントが得意になれるか」である。もちろん、いずれも即答できる類のものではなく、経験を通じて答えを見つけていくしかない。さらに、やがて「自分はどのように変わっていくのか」という問いを抱えるようになり、ますます不安を募らせていく。

新米マネジャーが抱きがちな五つの誤解

私が指摘するまでもなく、人の上に立つというのは、生半可なことではない。しかし、ここで前途暗澹たる将来を突き付けるつもりはない。私の調査によれば、新米マネジャーは新しい役割を誤解しているため、管理職として行動できるまでの時間が必要以上にかかってしまうケースが多い。彼ら彼女らが抱いているマネジャー像もわからなくもない。だが、あまりに単純か、不完全なものが大半であり、誤った期待を抱かせてしまう。しかし、期待と現実のギャップを埋めようとして四苦八苦するはめになる。以下に挙げる五つの誤解には、ほぼ万人が認める、ほとんど神話と呼べそうなものも含まれているが、これらを自覚することで、成功のチャンスが飛躍的に広がる（**図表1-1**「新米マネジャーが抱いている幻想と真実」を参照）。

図表**1-1**｜**新米マネジャーが抱いている幻想と真実**

管理職に昇格した当初、その新しい役割につまずいてしまう人がまことに多い。人の上に立つことにまつわる、さまざまな幻想を抱いたまま、昇格してしまったからだ。このような嘘は単純かつ不完全なものであり、それが原因でリーダーとしての重要な責務を見過ごしてしまう。

	幻想	真実
Defining Characteristic of the New Role **基本特性**	**権威** 「自分はもはや理不尽な要求に縛られたりしない」	**相互依存** 「自分の将来は、部下たちの働き如何にかかっている」
Source of Power **権力**	**職務職掌上の権威** 「ついに階段を上り切った」	**「職務職掌上の権威」以外のすべて** 「部下たちは警戒心が強いので、自分から胸襟を開き、彼ら彼女らの信頼を得ることに努めなければならない」
Desired Outcome **望み**	**統制する** 「部下たちを服従させなければならない」	**やる気を引き出す** 「権威で服従させても、彼ら彼女らのやる気を引き出せるわけではない」
Managerial Focus **管理方針**	**1対1の関係づくり** 「自分の役割は、部下一人ひとりと人間関係を築くことである」	**チーム全体の調和** 「特定の個人について何らかの判断を下すと、時にはチーム全体に悪影響が及ぶことがあることを自覚する」
Key Challenge **主要課題**	**円滑に業務運営する** 「自分の任務は、何より円滑な業務運営に努めることだ」	**業務改善につながる改革を実行する** 「チームの業績を最大化するために、改革に着手する責任を負っている」

［誤解］1　管理職の権威は絶対的なものである

新米マネジャーたちに「あなたの役割は何ですか」と尋ねると、たいてい人の上に立つことで得られる権利と特権について語る。マネジャーになったことで権威が高まり、その結果、会社にとって最も有益であろうとみずから信じるところを実践できる、自由と自律性が拡大すると思い込んでいる。つまり、あるマネジャーの言葉を借りれば、自分たちはもはや「他人の理不尽な要求に縛られたりはしない」と考えているのだ。

このような思い込みを抱いた新米マネジャーたちは、早晩冷水を浴びせられることになる。調査対象となった新米マネジャーたちは、権威を手にするどころか、いつの間にか複雑な人間関係にからめ取られてしまうと吐露している。自由どころか、むしろ束縛を感じているのだ。特に、花形社員として放任されることに慣れ親しんでいた場合には、なおさらそうだろう。新米マネジャーには、上司や同僚、部下のみならず、社外からも相矛盾する要求が容赦なく突き付けられる。その結果、これらの人間関係のせいで身動きできなくなってしまうのだ。こうなると、日々プレッシャーにさいなまれ、雑用にあわただしく追い立てられるはめになる。

ある新米マネジャーはこう語っている。「実のところ、主導権など、ありゃしません。あるとすれば、自室にこもっている時だけです。ですが、そのような時には、他の人々と協力し合うというマネジャー本来の仕事を怠っていると、罪悪感で後ろめたい気持ちになります」。また「自分の将来が部下たちの働きにかかっていると思うと、釈然としません」と本音を漏らす新米マネジャーもいる。

新米マネジャーを痛い目に遭わせる可能性が一番高い相手は、マネジャーの権威がほとんど及ばない人たち、つまり、社外のサプライヤーや他社のマネジャーである。某化学会社の商品開発マネジャーになったサリー・マクドナルドは、その業績は非の打ちどころがなく、高い志の持ち主であり、しかも企業文化も深く理解している期待の星だった。そのうえ、リーダーシップ研修でも好成績を収めていた。しかし、昇格して三週間後、彼女は苦々しく、こう白状した。「マネジャーになるとは、人質になるようなものです。およそ人の上に立っているとは思えません。大勢の社内テロリストたちが、虎視眈々と私を狙っています」

権力者になったなどという幻想をさっさと捨てて、交渉しながら相互依存関係を深めていかなければならないという現実を受け入れない限り、新米マネジャーはリーダーシップなど望むべくもない。先に述べた通り、真のリーダーシップを身につけるには、自分の部下だけでなく、チームが置かれている環境も含めて管理する必要がある。チームを支える各関係者と関係において、そのあるべき姿を具体的に思い描き、実りある関係を構築しない限り、チームがその使命をまっとうするうえで必要な経営資源は得られない。

このような相互依存関係の重要性を承知している新米マネジャーでも、つい社内人脈をなおざりにしてしまい、目の前の仕事、すなわち一番身近にいる部下たちの指揮に没頭する傾向が見られる。この人脈の必要性に迫られて、初めて本腰を入れて取り組むようになる。しかも、社内で一番下っ端の管理職である新米マネジャーたちに特にいえることだが、自分よりも立場の上の人たちと交渉するのは、なかなか一筋縄ではいかないものだ。

とはいえ、相互依存関係を管理するメリットは極めて大きい。米国の大手メディア企業で新規事業開発を担当するウィノナ・フィンチは、自社が国内で発行するティーン誌の中南米版を発行するという事業計画を立案した。そして、プロジェクトが仮承認されたところで、彼女はみずからプロジェクトマネジャーになりたいと名乗りを上げた。しかし、チームリーダーとなった彼女には、数々の障害が待ち受けていた。

経営陣は国際プロジェクトに乗り気でなかったため、プロジェクトに必要な予算を確保するために、中南米市場で二〇％のシェアを占める現地の流通業者と契約を交わさなければならなかった。新雑誌の場合、さまざまな雑誌や新聞でひしめく売店に割って入るのは生やさしいことではない。しかもコストを抑えるためにも、同社の看板女性誌のスペイン語版を担当している営業スタッフに頭を下げざるをえなかった。加えて、こまごました事務処理もこなさなければならなかった。しかし、彼女は忙しい中でも、上司や同僚たちとの関係を大事することを忘れなかった。たとえば、彼女は二週間に一度、部門の責任者として報告書を作成し、経営陣に提出した。また、看板女性誌の編集部と協力して、中南米経営会議を定期的に開催し始めた。そこには、ティーン誌と女性誌のグローバル展開を担当する幹部たちが集まり、地域戦略について議論した。

当然ながら、彼女も新米マネジャーにありがちなストレスに悩まされた。当人いわく、「一年三六五日、毎日が卒業試験のようなものです」。それでも、スペイン語版はスケジュール通り発売へとこぎ着け、当初計画を上回る成績を上げた。

［誤解］2　管理職の権威を過大視する

誤解しないでいただきたい。周囲に依存しなければならないとはいえ、新米マネジャーにも一定の権限が与えられていることは間違いない。ただし問題なのは、階層組織である以上、管理職というポジションはまさしく権威であり、自分の権限はその権威によって保証されていると、ほとんどの新米マネジャーが誤解してしまうことである。このように過大視して部門の管理に当たると、独裁的なコマンド・アンド・コントロール（指示・命令）に走りがちである。与えられた権力を行使したいからではなく、しかるべき成果を実現するにはそれが最も効果的であると思って、そうしてしまうのだ。

ところが、上意下達の命令に部下たちがいつも従うとは限らない。それどころか、優秀な部下ほど、えてして従順ではない。実のところ、これら新米マネジャーの中にも、上司によく反抗していた人がいるものだ。

不愉快な思いを何度か味わうと、ある新米マネジャーの表現を借りれば、「権威以外のすべて」によって管理職の権限は保証されるという認識、言い換えれば、まず部下や同僚、あるいは上司からの信頼を勝ち得なければならず、権威はその後についてくると考えるようになる。私が調査した新米マネジャーの一人は、次のように述懐する。「自分の力が及ばない相手がたくさんいると悟るのに三カ月かかりました。ですから、それまでの間は一人言を言っていたようなものです」

周囲から敬意を払ってもらうこと、信頼してもらうことの難しさに初めて気づかされる新米マネジャーも多い。自分の得意技や過去の実績など、ほとんど役に立たないことに愕然とし、歯がゆさを覚える。しかも私の調査によれば、どうすれば信頼を得られるのか、その術を知らない新米マネジャーが少なくない。

まず、自分の「人格」、すなわち「まっとうに行動する意思」の持ち主であることを示す必要がある。これは、とりわけ部下との関係において大切である。部下たちは新しい上司の真意を探ろうと、その一語一句、そして一挙手一投足に注意を払う。このように観察されれば、時にはわずらわしく思えるだろう。ある新米マネジャーは次のように語っている。「少なくとも『自分は善良な人間である』と自負していましたから、すぐ部下たちとも打ち解けられるだろうと思っていました。ですが、みんな慎重で、まさにみずから胸襟を開き、受け入れてもらう努力が必要でした」

次に、自分の「コンピタンス」、すなわち「まっとうに行動する能力」を持ち合わせていることを示す必要がある。しかし、これはなかなか伝わらないものだ。というのも、新米マネジャーは、これまで蓄積してきた知識と能力を証明しなければならないと考えてしまうからだ。部下からの尊敬を得るには、たしかに知識や能力を証明することも重要である。しかし、部下たちが期待している上司の能力について突き詰めてみると、プレーヤーとしての知識や能力とは異なる類のものだった。

ある投資銀行のトレーディング部門の責任者に任命されたピーター・アイゼンバーグは、自分よりも年上のベテラントレーダーたちを部下に抱えることになった。彼は新しい部下たちからの信頼を得ようとして、指揮・統制により管理するコマンド・アンド・コントロールのスタイルで臨んだ。しかし、ポジションの手仕舞い、戦略の変更などを指示すると、トレーダーたちは反発し、「その根拠を示してほしい」と訴えた。職場には、ぴりぴりした空気が張り詰めていた。ピーターが何か発言すると、トレーダーたちは冷ややかな態度で、とげのある反応を返した。ある日のことである。ピーターは海外市場についてはあまり明るくないため、値決めするに当たって、ある古参トレーダーに基本的なことを質問した。すると、彼は仕事の手を休め、しばし解説した後、「今日の仕事が終わったら、もっと詳しく説明しましょう」と申し出てきた。ピーターいわく、「あれこれ口出しするのをやめて、相手の話に耳を傾けるようにしたところ、トレーダーたちが私に仕事を教えてくれるようになりました。すると、私の指示にも理解を示してくれるようになったのです」。

この新米マネジャーの場合、自分の専門能力を誇示しようとする気持ちがかえって部下たちの信頼を損ねていた。部下たちは、何事にも首を突っ込んで問題を解決しようとする態度を見て、ピーターのマネジメント能力に疑問を投げかけていたのだった。トレーダーたちにしてみれば、ピーターは「マイクロマネジャー」、すなわち細かいことにまで口出ししてくるマネジャーであり、しかも支配欲にかられた、およそ尊敬に値しない人物だったのである。

最後に、新米マネジャーは自分の「影響力」、すなわちまっとうに振る舞い、やり遂げる力があることを示す必要がある。私の調査では、ある新米マネジャーの部下が、「最悪なのは、社内的にも対外的にも影響力に乏しい上司の下で働くことです」と語っている。とはいえ、新米マネジャーは社内ではまだ小物にすぎないため、影響力を獲得し、それを行使するのは至難の業である。ある新米マネジャーいわく、「昇格が決まった時は、まさしく有頂天でした。何年もかかったが、ついに階段を上り切ったと思っていましたから。ですが、次の瞬間には、また振り出しに戻ったような気持ちになりました。しかも以前と違って、今度はどのような階段を上り、どこに向かうのかさえ、はっきりしていません」。

これもまた、管理職の権威を安易に過大視してしまうという落とし穴にはまった例である。むしろ、信頼と信用に基づく強固な相互依存関係を、部内はもちろん、社内にも張りめぐらせることで影響力を着実に高めていくことが欠かせない。

[誤解]3 統制しなければならない

慣れない役割への不安も手伝って、新米マネジャーの大半が部下たちに服従を望む。そして、彼ら彼女らを一日も早く手なずけないと、やがては好き勝手をやらかしかねないと危惧する。また、統制しようという気持ちのせいで、ついつい権威に訴える傾向が見られる。いかに事がうまく運んだとしても、このやり方には問題があることはすでに述べた通りである。制度上のものであろうと、またみずから努力して獲得したものであろうと、権威に頼った方法では、偽りの勝利しか得られない。なぜなら、権威による服従が自発的なやる気に勝ることはないからである。誰でも、やる気が損なわれれば、その持てる力を発揮しようとはしない。部下たちが自発的に考え、行動しない限り、いかに権限委譲しようと、望むような成果は得られないだろう。リスクを嫌っていては、改革や継続的改善は成功しない。激動するビジネス環境にあって、リスクテーキングは不可欠だが、権威を振りかざして従わせるやり方で、部下たちがリスクテーキングすることはない。

先に紹介した、中南米でティーン誌の発売を指揮したウィノナ・フィンチは、プロジェクトメンバー全員の力を借りない限り、目の前の課題を解決できないことをちゃんと心得ていた。実は、彼女がこのプロジェクトリーダーを任された理由の一つは、その人柄にあった。経営陣は、中南米市場での経験不足や収益管理の未熟さも、彼女の人柄が補ってくれるだろうと期待していた。明晰な思考力の持ち主として知られている彼女は、それだけでなく、親しみと温かさをもって人と接することのできる人物だった。このプロジェクトでも、彼女はこのような天性の力を発揮し、自分なりのリーダーシップ哲学とスタイルを築き上げていった。

彼女は権威に頼ってプロジェクトチームを操るのではなく、チーム内に「質問する文化」を定着させることで影響力を行使した。その結果、メンバーたちが、全社ビジョンを実現するための権限を与えられていると自覚し、その実現に向けて熱意を持って責任を果たそうと考えるようになった。

部下の一人はこう語っている。「ウィノナは、おおらかで楽しい人物でした。でも、物事の本質を突き止めようと、みんなを質問攻めにしました。彼女に何かを伝えたとしましょう。すると、まず聞いたことをオウム返しに繰り返します。そうすることで、我々が何を話しているのか、全員が誤解なく理解できました。各人が担当している仕事の中身について、ひとたび彼女にインプットされたら、後はそれをきっちりやり遂げることが求められました。『前に何々だと聞いていましたが、いまはなぜ別のことをしているのですか』というのが、彼女の口癖でした」。彼女の要求は厳しかったが、けっして自分の流儀を押し付けることはなかった。メンバーたちがチームの目標に一生懸命取り組んだのは、そう命令されたからではなく、権限委譲されたからだった。

ウィノナの例のように、自分の権限を部下たちと共有しようと努めるマネジャーほど、大きな影響力を行使できる。部下たちが主体性を発揮できるようなリーダーシップを身につけることが、部下たちの信頼を勝ち取る近道なのである。

[誤解] 4 部下一人ひとりと良好な人間関係を築かなければならない

新米マネジャーが互いに依存し合う関係を大切にし、周囲の信頼によって権威を身につけるには、さまざまな関係者から信用を勝ち取り、自身の影響力を広げ、周囲と期待し合う関係を築いていく必要がある。生産的な人間関係が築かれれば、たいていこの目的はかなえられる。とはいえ、最終的に新米マネジャーに求められるのは、チーム全体の力を最大化する方法を見つけることである。ただし、一対一の個人的な関係を重視しすぎると、チーム全体に悪影響が及びかねない。

昇進した年は、チームづくりという責任をまだ自覚できず、ましてやそれに取り組むなど、およそ無理だろう。それどころか、「チームを管理するには、まずは部下から」と、部下一人ひとりと良好な人間関係を築くことこそマネジャーの仕事であると誤解してしまう。その結果、もっぱらメンバー個人の業績ばかりに目が向かってしまい、組織文化や部門の業績には無頓着になってしまう。したがって、チームで議論し、問題解決や原因の究明に当たることなど、めったにない。なかには、特定の部下、たいてい最も協力的に振る舞う部下と密着しすぎるマネジャーもいる。チーム全体に影響を及ぼすような案件でも、一対一で対処しようとする新米マネジャーがあまりに多い。その結果、極めて限られた情報に基づいて意思決定を下すことになる。

某ソフトウェア企業の営業マネジャーになったばかりのロジャー・コリンズは就任最初の週、部下の一人から、駐車場のスペースが空いたので、それを自分に割り当ててほしいという申し出を受けた。その営業担当者は勤続年数が長く、このベテラン社員との関係を円滑にスタートさせたいと考えたロジャーは、「もちろん、かまいません」と答えた。その後、一時間も経たないうちに、稼ぎ頭の一人である別の営業担当者が猛然とロジャーの部屋に入ってきて、「辞めてやる」と息巻いた。そのスペースはいつも日陰になっており、それゆえ垂涎の的であり、だからこそトップセールスマンに与えられるのが不文律だったのだ。一方、ロジャーが取り立てて気に留めることもなく割り当ててしまった相手は、社内で有名な問題社員だった。ロジャーの決定は、花形社員にすれば、とうてい納得できないものだったのである。

結局、コリンズは「こんなことに思い悩むのが自分の仕事ではない。まったくくだらない問題である」と思いつつも、この一件の解決に乗り出した。しかし、一個人にまつわる意思決定がチーム全体に影響を及ぼすことがあることを知った。彼はそれまで、直属の部下一人ひとりと良好な人間関係を築けば、チーム全体がうまく回っていくだろうと考えていた。しかし、部下の監督とチームの運営は別物であることを学んだのである。新米マネジャーたちからよく聞かされる話がある。それは、部下の一人を特別扱いしたところ、単に関係づくりが狙いだったにもかかわらず、意外にもチーム全体に悪影響が及び、後悔したという話である。自分の力だけで大きな業績を達成してきた人には、このような機微を理解するのは難しいかもしれない。

一対一の関係にこだわる新米マネジャーは、リーダーシップの基本である「グループの結束力をテコに、個人業績を改善し、やる気を高める」ことを無視することになる。健全な組織文化を形成すること、すなわち規律と価値観を定めることで、マネジャーはさまざまな才能の持ち主の問題解決力を発揮させることができる。

［誤解］5 何よりも円滑な業務運営を心がける

これまで述べてきた誤解と同様、一般的にそう信じられており、たしかにある面では正しい。しかし、真実の一部でしかなく、それゆえ誤解を招きやすい。すべての業務を円滑に運営することは、信じられないくらい難しいものだ。実際、マネジャーは数え切れないほどの業務をさばき続けなければならない。新米マネジャーにすれば、現状を維持するだけでも、自分の時間とエネルギーのすべてを傾けなければならないだろう。その一方で、チームの業績をより向上させる改革案を示し、それを実行する責任を負っていることも自覚する必要がある。ほとんどの人が驚くが、多くの場合、自分の権限が及ばないプロセスや組織構造に異を唱えることを意味する。このような役割を理解できて、初めて新米マネジャーはリーダーへの道を歩み始めることができる（**章末**「もう一つの教訓：権限はみずから獲得するもの」を参照）。

しかし現実は、新米マネジャーの大半が上から指示された改革プランに従うだけである。つまり、チエンジエージェント（改革者）としての自覚に欠けている。彼ら彼女らは、ヒエラルキーに従った思考と権威へのこだわりのせいで、自分の責任をあまりにも狭く定義してしまう。その結果、チームが失敗した場合、その責任を、制度上の不備や経営陣に転嫁しがちである。また、誰かが問題を解決してくれるだろうと、他力本願になりがちでもある。

しかしそもそもは、管理職の役割について多くが誤解していることが原因である。マネジャーたる者、その職掌範囲内であろうが、よしんばそれを超えていようが、自分のチームの成功に向けて改革を起こす義務を負っている。そこまでの権限が与えられていないことなどは無視してでも、チームのために改革に取り組まなければならないのだ。

このように視野を広げられれば、新米マネジャー本人のみならず、会社にとっても有益である。組織には、たゆまぬ再生と変革が欠かせない。そして、この難題を達成できるのは、現状を維持するために複雑な業務を管理する能力と、変革を引き起こす能力を兼ね備えた有能なマネジャーを数多く抱えた組織だけである。

上司が新米マネジャーの不安を理解する必要性

なるほど、人の上に立つということはまったく難しいものだ。しかし、以上のような誤解に気づけば、新米マネジャーだからこそ、得るところは大きいはずである。

とはいえマネジャーになると、複数の階層の人たちを相手にしなければならない以上、やはりミスを犯すこともある。失敗を学習することは有意義なこととはいえ、けっして愉快なことではない。新米マネジャーは特に、みずからのアイデンティティを叩き直されることとなろう。それは苦痛を伴う。また、新たな役割をまっとうしようと悪戦苦闘する中、孤独感にさいなまれることも多い。

ところが、私の調査によれば、新米マネジャーはえてして、誰かに助けを求めることをあえて拒む。ここでも、また別の誤解が影を落としている。すなわち、「人の上に立つ人間は何でも知っていなければならず、したがって、助けを請うなど、みずから不適格を認めることにほかならない」という誤解である。もちろん、何でも知っている者などいないことを、ベテランマネジャーたちはわきまえている。真のリーダーは長い時間の中で、さまざまな経験を通じて成長した人である。また、同僚や上司からの支持と支援を仰ぐことで、ＯＪＴの効果が高まることを示す研究も数え切れない。

新米マネジャーが助けを借りようとしないもう一つの理由は、誰かの指導を仰ぐといった人間関係に危険を感じるからである。しかもこれは、実際の危険ではなく想像上のものであることも少なくない。つまり、自分が抱えている不安や欠点、犯したミスなどを第三者に明らかにすると、いつその情報が漏れて、誰かが攻撃を仕掛けてくるリスクがあるというのだ。抱えている問題を、上司に打ち明けることも事情は同じである。これは評価者と被評価者の間に起こりがちなもので、古くて新しいジレンマである。そこで新米マネジャーは、やり方を工夫して周囲から支援を仰ぐ必要がある。たとえば、違う地域や他部門の同僚、他社のマネジャーに相談してみるという手がある。また、上司と部下の関係については、決定打はないとはいえ、問題を軽減することは可能だ。それは、新米マネジャーとベテラン上司の双方にとって有用なものである。

新米マネジャーは直属の上司のことを、味方ではなく脅威と見る。そこで、彼ら彼女らは何でも独力で解決しようとする。本当は助けてほしくても、ミスや失敗への罰を恐れるあまり、むしろ未然に防いでくれるかもしれない救いの手に背を向ける。以下は、ある新米マネジャーの弁である。

「部下を助けることが上司の仕事ですから、上司にもっと相談すべきだというのはたしかに一理あります。上司は経験豊富ですし、私には状況を報告する義務もあるでしょう。上司にはおそらく、何かいい知恵もあるでしょう。ですが、彼に打ち明けるのは得策ではありません。腹の中までは見通せないからです。つまり、質問しすぎれば、彼は私に幻滅し、事態が思わしくないと見なすかもしれません。事態を把握できていないと思われるかもしれず、かえってやぶへびになりかねません。というのも、彼が首を突っ込んできて、部下の仕事について質問を浴びせかけ、いつの間にか深入りしてくるからです。私にすれば、面目丸潰れです。上司に助けを求めるなど、とんでもないことです」

実際、このような懸念が現実となることも多い。私が知るところでも、上司と師弟関係になったことを後悔する新米マネジャーが何人もいた。別のある新米マネジャーは、次のように語っている。

「甘いとか、浅はかとか思われそうならば、質問も差し控えます。以前、彼に仕事について尋ねたところ、赤ん坊扱いを受けたことがありました。『こんなひどい状況は見たことがない。いったい全体、お前は何を考えているのだ』とでも言いたげでした」

これは新米マネジャーにとっても、上司にとっても、また組織にとっても、不幸な機会損失である。たとえば、新米マネジャーは、予算から経営陣の優先課題に関する情報に至るまで、有益な社内資産を、最適任者である上司から引き継ぐチャンスを逸している。かたやこの新米マネジャーの上司は、部下が管理職という新しい役職とそこへの取り組み方について抱いている第一印象と誤解について、好影響を及ぼすチャンスを逃している。

したがって、新米マネジャーが上司と良好な関係を築ければ、状況が一変する可能性がある。しかも、懸念していたような結果が待っているとは限らない。私の調査結果から推察すると、最終的に、新米マネジャーのほぼ半数が上司の助力を仰いでいる。その多くは、迫り来る危機を見越してのことである。上司が質問やミスについて、予想に反して寛容なことを知り、安堵するケースが多い。ある新米マネジャーは次のように回想している。「上司は私がまだ学習中であることを考慮して、極めて快く、できる限りの手を尽くして助けてくれました」

時として、最良の師がよそよそしい態度を装うこともある。あるマネジャーは、直属の上司から学んだ時の様子を次のように説明している。

「彼女は要求が厳しい人です。でも、部下を見捨てることなく育成し、温かく支援する人という定評があります。とはいえ、最初の二カ月間は、私もそのことに確信が持てませんでした。何もかもうまくいかず、いらいらしましたが、彼女は助けてはくれませんでした。理性を失いそうでした。また彼女に質問しても、逆に問い返されるばかりで、何の答えもくれません。やがて、彼女の狙いがわかりました。状況にどのように対処するのか、自分なりの考えを持ったうえで彼女に尋ねなければならなかったのです。それがわかってから、彼女は私の考えに意見をくれるようになりました。とことん私につき合ってくれるようになったのです」

彼の体験は、初めてマネジャー職に踏み出す時の難しさを上司が理解すること――思い出すだけでもよい――が大切な理由を如実に物語っている。新米マネジャーの成功を手助けすれば、その恩恵にあずかれるのは当の本人だけでない。彼ら彼女らを成功に導くことは、企業の成功にも決定的に重要なのである。

もう一つの教訓：権限はみずから獲得するもの

遅まきながら気づかされることが多いが、新米マネジャーの役割は、部下たちが現在の仕事を円滑に処理できるように組織を運営することだけに留まらない。同時に、将来の仕事に備えて改革プランを立案し、これを実行しなければならない。

某通信会社のマーケティングマネジャーに就任したジョン・デローネは、前任者が必要欠くべからざる投資を怠っていたことに気づいた。そこで彼は、何度もマーケティング予算の増額を上申した。これと並行して、マーケティング部門の活動を最適化できるようなITシステムの導入も提案した。予算の増額を認めさせられないとわかると、彼は、いまのままで生産性を最大化できるように改革に努めた。特に、ジョンが上司に送ったメールへの返事が遅くなるなど、二人の関係が悪化し始めていたこともあって、それが賢明な策だと思われた。

ところが、一定の業務目標を達成できなくなると、CEOは突然ジョンを解雇した。ジョンが聞かされた理由は「積極性に欠ける」というものだった。CEOは、新しい重点市場に必要な資金を確保するうえで、ジョンは「手をこまぬいて、必要な支援を仰がなかった」と指摘した。ジョンはショックを受けて傷ついた。彼にすれば、まったく不当な言い分だった。そこで、「戦略を策定し、予算化する社内手順に欠陥があったためで、自分の責任ではない」と反論した。これにCEOは次のように応じた。「おのれの成功に必要な条件を揃えるのは、おのれの責任である」

【注】
チャールズ・シュルツ作の『ピーナッツ』シリーズに出てくる、チャーリー・ブラウンの親友、ライナスが片時も離さない毛布も、この「安心な毛布」(safe blanket)である。

第2章

メンバーを変えずにチームで変革を進める法

ジェネシス・アドバイザーズ 会長 兼 IMD 教授
マイケル D. ワトキンス

"Leading the Team You Inherit"
Harvard Business Review, June 2016.
邦訳「メンバーを変えずにチームで変革を進める法」
『DIAMONDハーバード・ビジネス・レビュー』2016年12月号

マイケル D. ワトキンス
(Michael D. Watkins)
ジェネシス・アドバイザーズの会長。また、IMD の教授を兼ねる。著書に『ハーバード流マネジメント講座　90 日で成果を出すリーダー』(翔泳社、2014 年)。

前任者のチームを引き継いで変革する法

デイビッド・ベネット（仮名）は、大手医療機器会社で成長頭の事業部を任された際、解決すべき課題に直面した。前年に二つの新製品を発売したのを機に、売上高は増加していたが、いまだ期待の数字には届いていなかった。それもそのはず、顧客ニーズを満たしていないことをあらゆるデータや情報が示していた。二つの新製品とは、動脈が閉塞している部分にステントを挿入するための手術用器具と、心臓の拍動を安定させるためのペースメーカーであり、この両方の売れ行きに会社の命運がかかっていた。つまり、長い目で見た場合に背負うものは大きかったにもかかわらず、チームは必ずしも好調とはいえなかった。事業機会をつかみ取れず、雰囲気もよくないようだ、といった話は上層部にも伝わっていた。

これらの状況を受けて、事業部のエグゼクティブバイスプレジデントを更迭して社外から後任を選ぶことになり、適任者としてデイビッドに白羽の矢が立ったのだった。彼は競合他社で輝かしい実績を上げていた。ある事業部をV字回復へと導き、別の事業部では成長を加速させたのだった。しかし、今回の新しい任務に就くと、よくある困難にぶち当たった。部下たちをみずから人選するわけにはいかず、前任者の配下にあったチーム、すなわち、彼が解決を託されたやっかいな状況を引き起こした張本人たちを、引き継ぐことになったのだ。

実際のところ、新任リーダーの大半は当初、馴染みの薄い人材をあてがわれ、事業の成長ないし変革を目指そうにも、すぐに新しい人材を招き入れるわけにはいかない。部下を矢継ぎ早に入れ替えようにも、必要とされる政治力や経営資源が足りない場合もあるだろう。あるいは、企業文化がそれを許容しない。往々にして、既存の人材は差し当たって業務を回していくうえでは不可欠だが、将来を切り開くためには適材とはいえない。

以上から浮き彫りになるのは、どうすれば既存のチームを引き継いでうまく率いていけるか、その術を見出す重要性である。これは言うなれば、飛行中の航空機を修理するような、矛盾をはらんだ状況である。修理の間エンジンを止めておくわけにはいかない。最悪の場合は墜落しなければよい、というものでもない。目的地に向けて安定航行を続ける必要があるのだ。

新チーム構築のための手法はいくつもある。とりわけ有名なのは、ブルース・タックマンが一九六五年に提唱した、「形成期、混乱期、統一期、機能期」というチーム発展の四段階を土台とした理論である。タックマンの理論や最近の類似理論によると、チームはおおむね定型的なパターンに沿って発展し、適切な措置を取れば発展を速めることができる、という。残念ながら、これらの理論が想定するのは、チームをゼロから築き、最初から慎重にメンバーを選定して方向性を決める場合である。

私は、リーダーたちの大変革を支援する中で、ある事実に気づいた。たいていのリーダーはデイビッドと同様に、前任者のチームを引き継いで変革するための手法を必要としていたのだ。その手法を示すのが本稿の目的である。リーダーはまず、現状をはっきり理解するために、自分が受け継いだ人材の価値とチーム力学を見極めなくてはならない。次の仕事は、必要に応じてチームを再編するために、メンバー構成、目的意識や方向性、業務手法、行動特性などを新鮮な目で見つめることである。最後に、早期に成果を上げるチャンスを探り当て、それを確実に物にするためのプランを練れば、短期間でチーム構築と成果向上を成し遂げられる。

チームの評価を速やかに下す

未知のチームを率いるには、組織の前進に向けて適切な取り組みを適切な方法で行えるだけの、適材が揃っているかどうかを、速やかに判断しなくてはならない。リーダーは、就任当日から多くの仕事に時間と注意を取られ、その量は増えていく一方だろうから、即座にチームを品定めできるかどうかがカギとなる。

計画性も重要である。大多数のリーダーはその職歴を通して何度も、チームを引き継いで拡大する立場に就くが、人材に何を期待すべきかを熟考する人は稀である。たいていの人は経験をもとに、勘頼みで評価の基準や方法を選ぶのだ。慣れ親しんだ状況ならそれでよいが、さもなければ問題だろう。というのも、どのようなメンバーがチームの成果向上に寄与するかは、状況によってまったくといってよいほど異なるのである。

評価基準をはっきりさせれば、より正確な判断をより速やかに下せるだろう。チーム特有の課題に対処するには、どのような資質が求められるか。チーム内のスキルの多様性や補完性は、どれくらい重要だろうか。リーダーシップの発揮によって、どのような特性をチームに備えさせることができるだろうか。たとえば、リーダーの取り組み次第でメンバーの集中力や熱意は高まるだろうが、生来の信頼性については引き上げるのは不可能だろう（**囲み**「チームメンバーに求める資質は何か」を参照）。

メンバーへの要求条件は、事業の置かれた状況によっても異なると考えられる。起死回生を目指す状況では、即戦力を探すはずである。事態が安定するまでは、人材のスキル向上に力を注ぐ時間などないだろう。他方、チームの好調を維持しようとしているなら、おそらく高い潜在能力を持つ人材を鍛えるのが理にかなっている。そのための時間も取りやすいだろう。

メンバーへの期待は、目標を達成するうえで彼らの役割がどれくらい重要であるかによっても、変わってくる。要職にある人材は長い目で見守ってはもらえず、厳しい評価基準が適用されるだろう。デイビッド・ベネットの配下には二つの営業チームがあり、どちらも心臓専門医の間で新製品の認知度を高める任務を帯びていたため、両チームのリーダーはともに厳しい目で見られた。二人には製品の利点をオピニオンリーダーにうまく伝える即戦力としての活躍が求められた。人材開発の責任者も軽視できない存在だった。営業とマーケティング、両分野の中堅層が深刻な人材難に陥っており、すぐに対処する必要があったのだ。

他方でコミュニケーション部門の責任者への対処は、さほど優先度が高くなかった。彼の仕事ぶりを調べ、同僚たちに話を聞いたところ、革新性を十分に発揮できていないとの判断に至ったが、当面は続投させることにした。

どの業務についてどの程度のチームプレーが必要であるかも、考慮すべきである。「部下たちには大

チームメンバーに求める資質は何か

あなたも大多数のリーダーと同じく、人材に一般的に求める条件を「直感的に知っている」かもしれない。しかし、状況や課題が違えば、必要とされる強みも違ってくる。以下のエクササイズを行うと、チームを前任者から引き継ぐたびに、何を優先すべきかをよりよく理解し、うまく表現するのに役立つだろう。

以下の各項目をどれくらい重視すべきかを、現状と目標を踏まえながら考えて、全体を一〇〇%とした場合のそれぞれの重要度を右端の枠内に記入しよう。全部を足すと一〇〇%になっているか、忘れずに確認すること。

言うまでもなく、数字はおおまかなものであるはずだ。財務責任者など、一部のチームメンバーに関しては、実務能力が最優先かもしれないし、マーケティン

求める資質	説明	重要度
実務能力	仕事をうまくこなすための専門性と経験を有する。	
信頼性	「隠し立てをせず、約束を最後まで果たす人物だ」と信頼できる。	
熱意	燃え尽きたり、やる気を失くしたりせず、正しい態度で仕事に臨む。	
対人能力	チームメイトと良好な関係を築き、協働を支える。	
集中力	脇目も振らず、優先順位を決めてそれをやり遂げる。	
判断力	重圧を受けたり、大義のために犠牲を求められる状況で、特に良識を発揮する。	
全体		100%

グ責任者などの場合は、熱意や対人能力が実務能力と同等かそれ以上に重要かもしれない。役割の重要性や事業の状況も、判断に影響を及ぼす可能性がある。

幹部級の人はほぼ例外なく、信頼性を最重要と位置付ける。というのは、信頼性は生来の人柄の表れであり、優れたマネジメントをもってしても強化できない、と見なしているからだ。半面、熱意や集中力については、「自分がテコ入れすれば伸ばせる」と考えている。このため当然のように、当初は熱意や集中力よりも信頼性を重視するわけだ。

あなたのつけた重要度に基づくと、いまの時点で最も重視している資質、リーダーシップを発揮すれば改善できると考えている資質は、それぞれ何だろうか。あなたにとっては、いずれかの資質が採用可否の決め手になるだろうか。

いに協働させるべきか、それとも基本的には個人プレーでかまわないだろうか」と自問するとよい。その答えが、チームワーク強化の重要度を見極めるヒントになるはずである。税務、資金管理、M&A（企業の合併・吸収）分析の責任者のように、一般に本社財務部長に報告義務を負う人々について考えてみよう。彼ら三人は、それぞれの部門を単独で巧みに運営して、高い成果を上げるマネジャー集団になるべく、努力するのが望ましい。彼らをチームとして機能させようとして、ビジョンを共有させるとか、共通の業績目標や評価尺度を設けるといった伝統的な手法を用いても、そもそも協働の必要性が小さい状況では、全員がいら立ちを感じるだけだろう。

このような状況における評価とマネジメントの定石は、各人の業績に焦点を当て、協働の能力は脇に置いておくことである。ところが、デイビッドの配下にいるのは、互いへの依存度が高い職能リーダーたちだった。具体的には、営業、マーケティング、コミュニケーション、三人のバイスプレジデントに、互いに密接に協力しながら、二製品の市場開拓戦略を改善、実行してもらわなくてはならなかった。そこで彼は、三人の関係性と協働の能力を見極める必要に迫られた。

人材評価を効果的に行うには、個別面談とチームミーティングを併用するほか、補完的に、顧客、納入業者、チーム外の同僚などの利害関係者から意見をもらうとよい（**章末**「個別面談による人材評価」を参照）。個々の部下の実績と業績評価にも目を通すことになるだろう。デイビッドがこれらを実施したところ、即座にレッドカードを出すべき人材は一人もいなかったが、チームの成果が基準を下回っているのは明らかだった。その原因と対策を突き止めるうえでは、面談やミーティングが役立った。

ほどなく、二人の部下が要注意人物であることがはっきりした。一人はカルロスといい、手術用医療機器の営業を担当するバイスプレジデント職に就いていた。社内最古参のカルロスは、CEOとの間に太いパイプを持っているようだった。しかし、新製品の営業成績は冴えなかった。さらに重要な点として、同僚や直属の部下によるカルロス評を聞いたところ、「重箱の隅をつつくようなリーダーシップスタイルのせいで、部内の士気が下がっている」という指摘があり、他部門との協働がなされていないことも判明した。一例として、カルロスは、カテーテルを入れる、インターベンション治療器具の営業チームやマーケティング担当に役立つ可能性のある情報を出し惜しみし、そのせいでチームの機能を損なっていた。

別の意味でやっかいなのが、人材開発担当バイスプレジデントのヘンリーだった。彼は採用、業績管理、報酬・福利厚生にまつわる定番の課題への対処はお手のものであるため、通常なら人材開発畑のリーダーとして頼りになるはずだった。しかし、事業の急成長に必要な要件は満たしていなかった。デイビッドは、人材評価と後継者育成プランに関するヘンリーの実績を調べた結果、B評定がせいぜいだと結論付けた。

部下たちの評価をすべて終えた後は、五年から二五年超の社歴を有するメンバーの大半をチームに残すことにした。ただし、彼らの態度や考え方、特に、職能が違う者同士の間に信頼が欠如している状況を改める必要性は、認識していた。

チームの再構築を進める

人材評価の次は、組織文化、リーダーの権限、いまいる人材などの制約下でチームを再構築する仕事が待っている。煎じ詰めれば、新任リーダーが部下たちに望むのは、すすんで情報を共有し、確執にすぐに気づいて対処し、創意工夫によって問題を解決し、互いに手を差し伸べ、判断が固まった後は対外的に一枚岩の姿勢を示すことである。リーダーがこのような行動を促すには、①チーム構成、②共有ビジョンの実現に向けた足並み、③業務運営手法、④期待内容と新ルールの整合性の四つを重視するとよい。

チーム構成

チームを再構築するための最もわかりやすい方法は、成果の劣る人材やミスマッチな人材を外して、他の人材と入れ替えることである。しかし、この方法は企業文化や政治的な理由により実現が困難かもしれず、多くの場合、まったく実現できないため、リーダーは元からいる人材を活用せざるをえない。たとえ、既存メンバーを放出して新メンバーを迎えることが可能であっても、時間がかかるほか、熱意や労力が必要とされる。したがって、着任間もない時期にこの方法を用いるのは、核となる人材が明らかに力量不足であるとか、人格的に問題のあるメンバーが事業に悪影響を及ぼしているといった、切迫した局面に限るべきだ。

幸いにも、チーム構成を改める方法はほかにもある。たとえば、普通に空席が出るのを待って、条件に合う人材を迎え入れるのである。これは通常は一朝一夕には実現しないが、高い成果への期待をそれとなく匂わせることにより、成果の劣る人材を他のポストを探す方向へと誘導すれば、期間を短縮できるかもしれない。実力はあるのにいまのチームには適さない人材については、ふさわしいポストが組織内の他分野にないか、アンテナを高くしておくのも一案である。

時間などのリソースが十分にある場合は、高い可能性を持つ人材を訓練して、新たな責務を果たさせるようにする方法もある。さもなければ、本人の得手不得手に合わせて、役割を変えてもよい。これは、ともすれば十分に注目されていないが、チーム構成を改めるための有効な手立てである。具体的には、従来の役割の範囲を見直す、メンバー相互で任務を交換させる、業務分担を改めて新規のポジションを設ける、といったやり方があるだろう。以上の戦術はいずれも、腐りかけていた人材に活を入れる効果があるが、従来とは違う業務割り当て法を試みようと考えるリーダーは、非常に少ない。

デイビッドは、以上の諸手法を併用してチーム構成を改めた。手術用医療機器の営業担当バイスプレジデント、カルロスについては、業績の足を引っ張っているため、去ってもらうほかないと判断した。そこで会社の上層部や本社人材開発部と相談した後、手厚い早期退職条件を提示して、カルロスのポストを廃止した。そして営業部隊を再編して、一人のバイスプレジデントに全体を統括させることにした。その任務には、インターベンション治療器具の営業担当バイスプレジデント、ロイスを指名した。さらに、以前よりも大きな役割を担うことになったロイスのために、人材開発部に依頼して、コーチングを含むリーダーシップ育成の集中コースを受講できるようにした。

人材に関してデイビッドが取ったもう一つの大きな措置は、人材開発担当バイスプレジデントのヘンリーのために、社内で新しいポストを探すことだった。幸いにも、本社の報酬・福利厚生グループに格好の空席があった。ヘンリーは、彼の事業部ではストレスのせいで燃え尽き気味だったこともあり、喜んで新しいポストに移った。こうしてデイビッドにとっては、営業、マーケティング組織の下位階層を強化するのに必要な、人材計画、獲得、育成の能力を持つ新たなバイスプレジデントを探せる状況が整った。

チームの足並み

全員にはっきりした目的意識と方向性を持たせることも、必要になるだろう。以前に表明した方向性を改めなくてはならない場合もある。あるいは、方向性そのものはおおむね正しいのだが、チームが一丸となっていない例もある。

全員の足並みを揃えるには、以下の四つの根本的な問いについて、統一的な答えを引き出さなくてはならない。

「何を達成するのか」。この答えを、ミッション、目標、主な業績指標に盛り込む。

「なぜそうすべきなのか」。ビジョンステートメントとインセンティブの出番である。

「どうやって達成するか」。組織全体の戦略との関連でチームの戦略を決め、その実行に必要なプランと行動を取りまとめる。

「誰が実行するか」。チームメンバーの役割と責任は、以上すべてを支えるものでなくてはならない。

この足並みを揃えるという仕事は、リーダーにとって一般に、チームの再構築にまつわる他の仕事よりも、やりやすい。なぜなら、ツールやプロセスが確立されているからである。もっとも、唯一「なぜそうすべきなのか」という問いだけは、鬼門になりがちである。チームに、みんなをやる気にさせる明快で説得力あふれるビジョンがないなら、また、適切なインセンティブを欠くなら、望ましい方向へと力強く前進することはおそらくないだろう。報酬や福利厚生は、それだけでは十分な動機付け要因にならない。面白い仕事、地位、昇進の可能性など、さまざまな褒賞を提示する必要があるのだ。

これは、いくつかの理由により一筋縄ではいかない可能性がある。というのも、(他のチームへの義理もあって板ばさみになっているなど)隠れたインセンティブがじゃまをしている場合、それを見抜くのはえてして至難の業である。しかも、特定の褒賞に関しては独断では決められないおそれがある。給与をめぐる上司の裁量は、限られている場合が多い。

デイビッドは、部下を評価するための個別面談やグループ討議を通して、目標、評価指標、インセンティブに関しては十分に整合性が取れていない、と気づいていた。具体的には、二つの営業部隊の間には、助け合いのインセンティブが欠けていた。加えて、二製品のマーケティングチームはどちらも資金が足りず、予算の獲得をめぐって不毛な競争をしていた。

デイビッドは、チームメンバーが同じ目標に向けて一丸となるように、彼らと一緒に網羅的な評価指標を設け、定期的に見直すことにした。また、経営委員会の期待に添うように業績目標を引き上げ、チームが全社と足並みを揃えられるようにした。事業計画の策定に当たっては、高成長をチームに約束させた。さらに、二つの営業部隊の関係がギクシャクする原因となっていた、インセンティブの不一致に対処した。これはおそらく最も重要な成果だろう。営業部隊を統合した後は、ロイスと協力して地域別組織への改組を行い、各担当者が二つの新製品を両方担当し、その営業成果をもとに褒賞を受け取るようにした。

業務運営手法

チームを再構築するには、その一環として、「みんなが結束して仕事をするとしたら、それはいつ、どのようにするだろうか」と問い直す必要がある。それに伴い、核となるメンバーの人数を増減させる、サブチームを設ける、会議の種類や頻度を調整する、会議の運営方法を変える、フォローアップの手順を刷新する、といった取り組みが生じるかもしれない。

このような変革は、チームの業績を向上させる効果的な手段になりうる。しかし残念ながら、新任リーダーの多くは、前任者の業務運営手法をそのまま引き継ぐか、ささやかな変更を加えるだけである。チームの業務運営手法について発想を広げるには、仕事のやり方を縛っている実質的な制約（例：全社的に確立された事業計画や予算策定のプロセス）を突き止め、その制約の下でチームが効率と生産性を高めるにはどうすればよいか、自問自答することだ。加えて、依存関係にあるメンバー同士の協働をよりよいものにするために、公式あるいは非公式のサブチームを設けるのが理にかなっているかどうか、検討するとよい。さらに、「業務活動の中には、ほかよりも頻繁に注意を払うべきものがあるのではないか」と考えてみよう。こうすると、チーム全体とサブチーム、両方の会議の進め方や頻度を決めるのに役立つはずである。

デイビッドは、営業、マーケティング、コミュニケーション、三チームの間に重要な相互依存関係があることに気づき、各チームのリーダーから成るサブチームを設けた。そして、彼らの注意をいっそう引き付け、フィードバックを速めるために、週次のミーティングを開くことにした。他方、全体会議は隔月に留め、情報共有と戦略課題についての議論に目的を絞った。サブチームは、彼にとって喫緊の優先課題である、二製品の市場開拓戦略の改善と実行に向けた取り組みに、目を光らせた。その取り組みを担ったのは、営業、マーケティング、コミュニケーション、各チームリーダーの直属の部下たちで構成される、クロスファンクショナルチームである。業務プロセスの合理化、協働の増進、対応の迅速化が、営業部隊の再編やマーケティングチームの予算増強と相まって、売上高成長率の急上昇につながった。

会議の頻度と議題を再検討する際には、一般にリーダー層が関わる三つのタイプの会議、すなわち戦略、業務運営、学習をテーマとする会議についてよく理解し、それぞれに適切に時間を配分できるようになるとよい。

戦略会議は、ビジネスモデル、ビジョン、戦略、組織構成など、避けるわけにいかない最大級の判断を扱う。開催頻度はどちらかというと低い傾向にあるが、綿密な議論ができるよう十分に時間を取る必要がある。業務運営の会議では、短期的な業績の予測や指標を振り返り、その結果に照らして活動と計画を修正する。戦略会議よりも一回当たりの時間は短いが、開催頻度は高いのが通例である。学習をテーマとする会議は、必要に応じて開催される傾向があり、危機の後や新たな課題が持ち上がった時に招集される例が多い。チーム構築に重点が置かれる場合もある。定例会議に以上のようなテーマをすべて詰め込もうとすると、業務運営上の緊急案件が幅を利かせて、戦略や学習についての議論が後回しになりがちである。この問題を避けるには、異なる種別の会議をどう使い分けるべきかを熟慮し、各種別にふさわしい頻度で開催するとよい。通常は、まず業務運営会議について検討して開催頻度と参加者を決めるのが、最も望ましい。それを踏まえて次に、頻度の低い戦略会議のスケジュールを、議論に十分な時間を割けるように組むとよい。最後に、学習を目的とした非定例会議に関して、何を契機に開くかを決めておくべきである。たとえば、競合製品の登場や、製品リコールのような深刻な事態の発生など、市場絡みの大きな出来事の後に開催する、という方針が考えられる。

整合性

チーム再構築の仕上げは整合性の確保である。具体的には、基本原則と業務プロセスを決めて、望ましい行動を促して定着させるとともに、チームメンバーに範を示すのだ。もちろん、チームの構成、足並み、業務手法もまた、メンバーの行動に影響を及ぼす。とはいえ、これらに注意を払うだけでは十分とはいえない。好ましくない集団力学を持つチームを引き継いだ場合には、なおさらである。そのような状況では、有害な行動様式を改めたり、「目指すものは同じだ」という意識を培ったりするなど、是正への努力が必要となる。

デイビッドのチームも同様だった。マーケティング担当と営業担当、両バイスプレジデントの内輪もめと、カルロスの問題行動の矯正や経営資源の確保に失敗した前任リーダーの力不足が重なって、メンバー間の信頼が損なわれていたのである。デイビッドは営業チームを立て直して、チームのみんなから「前任者とは違い、決然とした有言実行タイプだ」と認められた。また、チームメンバーの入れ替えやマーケティング予算の獲得などの実績によって、尊敬を勝ち取った。こうして、信頼関係を立て直すうえで有利な立場になった。まずは、チームの力学に関して、重点的な委託調査を実施した。着任からしばらく経ち、部下たちからの信頼も得ていたため、この問題を深掘りする機が熟していた。専門家による独自調査は、チームメンバーを対象とした無記名アンケートと補足インタビューをもとに、信頼の柱を成す以下のような要素に照準を当てた。

●「チームメンバー全員が、各自の業務をこなす力を持っている」という信頼感
●情報共有の程度
●「献身は評価される」という確信
●「周囲と違う意見を述べても軽蔑、批判、懲罰を受けない」という安心感
●「信頼は保たれる」という確信
●合意事項を結束して守る姿勢

調査からは、このチームにとっては、透明性、安心感、結束が信頼をめぐる主な課題であると判明した。調査結果を説明するために、デイビッドはチーム全員を社外に集めて会議を開いた。席上、信頼をめぐる懸念がくすぶっている限りは、けっして高業績チームにはなれない、と諭した。そして、インセンティブの不整合、予算不足、カルロスの負の影響などが構造的な原因であるという自身の考えを示し、実施済みの対策を紹介した。特筆すべき点として、「このチームは高業績を達成できる」と信頼を示し、

その実現に向けて尽力する意思を表明した。

そのうえでデイビッドは、チームの力学を変える手順を以下のように説明した。まずは、情報を共有する、互いを尊重する、意思決定の後は全員一丸となる、といった行動原則を全員が受け入れる必要がある。次に、意思決定の透明性を高めなくてはならない。彼は、何かを決める際にはあらかじめ、自分が判断を下すか、少人数のグループに委ねるか、全員の合意を目指すかを明らかにする、という方針を示した。

社外での会議を終えた後、デイビッドは、これら新しい原則と手順をみずから遵守することに力を入れた。望ましい行動の徹底も図った。非生産的な行動を見かけたら、チーム会合か当事者との面談を行い、すぐさま対処した。以前からの習慣はなかなか消えないものであるから、時間はかかったが、それでもチームの力学はよい方向へと変化した。

新任の人材開発担当バイスプレジデントが着任した時は、行動原則と手順を慎重に再検討した。チームのメンバーや使命に変更があった時は必ず、メンバーにどのような行動様式を期待すべきかを再検討し、徹底を図るべきである。チームがうまく機能しているか、また行動原則が守られているかを、定期的(四半期あるいは半年ごと)に振り返るのも、有意義である。

チームの育成を加速する

人材評価やチーム再編を終えたら、早い段階で成果を出して、部下たちを活気付ける必要がある。デイビッドが経験的に理解していた通り、こうすると部下たちは能力に自信を持ち、新しい行動原則や手順をいっそう有意義なものにする。

彼とチームメンバーはまず、次の三カ月間の売上目標を高めに設定して、その達成に向けて走り始めた。誰の責任で何をすべきかを具体的に決め、外部の利害関係者のうち誰の支援が欠かせないかを見極め、関係性構築の責任を割り振り、組織全体と成果を共有するためのメッセージと方法を考えた。成果は目標を大きく上回った。

ひとたび成功を手にした後は、それを土台に飛躍を続けた。結果として、成果が自信につながり、それがいっそうの成果をもたらすという、好循環が生じた。彼が着任した最初の年を終えた時点では、売上げの伸びは目標を遥かに超えていた。それどころか、もともと高めだった予測を、三回も上方修正する必要が生じたほどである。

当然ながら経営委員会はこのような進展を喜び、デイビッドのために、さらなる経営資源の確保、営業部隊の拡充、逸材の獲得に向けた給与上限の引き上げなどの機会を設けた。

以後も、二年間にわたって売上増が続いた後、競合他社が新製品を発売したため、情勢は厳しくなった。しかし、その時点でデイビッドのチームは市場で優勢な立場を得ており、新製品を市場に投入する準備もできていたのである。

個別面談による人材評価

チームを新たに統括する立場になったら、早い段階で個別面談を行うと、メンバーを評価するうえで有益である。自身の流儀に合わせて、肩の張らない話し合い、正式な業績レビュー、あるいはこれらの併用など、さまざまな形態があるだろうが、一定の型を決めて臨むべきである。

準備をする

面談相手の経歴、業績データ、査定内容のうち、入手できるものに目を通す。各人の技能を頭に入れ、チーム全体および当人の管轄領域でどれだけの仕事ができそうか、見極める。チームメンバー同士のやりとりを観察する。メンバー間の関係性は、見たところ友好的で生産的だろうか。張り詰めていて競争心が伝わってくるだろうか。面談を活かしてチーム全体と各人、両方の評価を行うつもりだと、全員に伝えておこう。

インタビューの標準手順を決める

みんなに同じ質問をして、各人の洞察力や見識の違いを探ろう。以下に質問例を挙げる。「既存戦略の長所と短所は何か」「短期的に見た場合、最大の課題と機会は何か」「中期ではどうだろう」「より効果的に活用できる経営資源があるとすれば、それは何か」「チームワークを向上させる方法とは」「もしあなたが私の立場だったら、何を優先事項に据えるだろうか」

仕草や表情など、言葉に表れないヒントにも着目する

相手の無言のメッセージも見逃さないようにしよう。自分からすすんで情報を発信してくれるだろうか、それとも引き出す必要があるか。問題が起きた時の反応は、責任を負う、弁解をする、責任転嫁をする、のいずれだろうか。加えて、発言内容とボディランゲージに食い違いがないか、注視すべきである。そのような食い違いは、誠実さの欠如やマネジメントへの不信の表れかもしれず、いずれにせよ、対処が必要である。どのような話題に強い感情を示すかにも、注目しておこう。そこからは、何がモチベーションであるか、どのような変革が熱意に火をつけそうか、手がかりが得られるのだ。

面談から得た知見をまとめて、共有する

全員と面談を終えたら、得られた知見についてチームと議論をしよう。こうすると、「短期間に状況を把握したのだな」と、みんなに印象付けることができる。意見の違いを強調したり、気まずい問題を取り上げたりすると、適度なストレスや緊張の下でチームがどのような様子を示すか、観察する機会が生まれるだろう。みんなの反応に注意を払うと、チームの気風や力関係に関して、貴重な気づきが得られるはずである。

第3章

新人マネジャーを育てるコーチング技法

プリペアド・トゥ・リード 社長
キャロル A. ウォーカー

"Saving Your Rookie Managers from Themselves"
Harvard Business Review, April 2002.
邦訳「新人マネジャーを育てるコーチング技法」
『DIAMONDハーバード・ビジネス・レビュー』2002年7月号

キャロル A. ウォーカー
(Carol A. Walker)
マサチューセッツ州ウェストンに本拠地を置く経営コンサルタント会社、プリペアド・トゥ・リード社長。同社設立以前には、15年ほど保険会社や技術関連企業の幹部として勤務。

新人マネジャーは自然に成長したりしない

トム・エデルマン（仮名）は、管理職に登用される他の人たち同様、一社員として素晴らしい仕事を重ねてきた。頭がよく、自信に満ち、何事にも前向きで、しかも戦略思考を備えていた。クライアントからも上司や同僚からも好かれていた。それゆえ「彼を管理職に」という話が持ち上がった時、周囲のメンバーは誰しも順当なことと受け止めた。多少ためらいはしたものの、トムはその職を引き受けた。クライアントと一緒に働くのが大好きで、現場から離れるのは残念だったが、彼は新しい任務に心躍らせていた。

その六カ月後、トムのコーチ役として私が雇われた。初めてトムに会った時、自信にみなぎっていた頃の彼を想像することは難しかった。まるで路上で急にヘッドライトを当てられたシカのようだったのだ。いまにも重圧に押し潰されそうで――事実彼もみずからの感情を表現する時、その言葉を用いていた――自分の能力に疑問を抱き始めていた。かつて親しかった直属の部下たちは、トムへの尊敬の念を失い、敬遠していた。しかも、彼が担当する課では小さな災難が続いており、トムはその対応に追われていた。それがあまり効率的ではないことをトム自身もわかっていた。しかし、うまい収め方を知らなかった。ただし、まだ課の業績へ飛び火するには至っていなかった。とにかく、彼が問題を抱えていたことだけは明らかだった。

トムの上司は彼の状況がのっぴきならないことを察知し、それで私が手伝うことになった。さまざまな支援とコーチングの結果、トムは必要な助けを得、優秀なマネジャーへと変身した。実際、私と一緒に仕事をした後、二度昇進しており、現在小さな部門の長を務めている。

彼のような失墜寸前のケースはもちろん、そこに至るプロセスは随所で見られる。ほとんどの組織が実務能力に基づいて昇進を決めているが、選ばれた人たちは自分の役割が変わったことを理解できない。そう、自分の業績ではなく、他人のそれを引き上げるということをわかっていないのだ。バスの運転には後部座席に控えている人も必要であり、すなわち、交渉をまとめるよりも、チームを育成することが重要となる。Ａクラスの社員ですら、この新しい現実に対処できないことがある。このように不安に見舞われた新人マネジャーが助けを求められないことで、状況はいっそう悪化する。まったくの未知の領域に踏み入ったのだから、そもそも救いを請うべきなのだ。しかし、彼らはストレスを抱え込み、次第に内向きになっていく。不安ゆえにみずからのことで手一杯となり、チームを支えられなくなる。当然、信頼は薄れ、部下を疎外し、生産性が落ち込んでいくことは避けられない。

多くの企業で「マネジメントスキルは段階的に習得されるもの」と考えられているせいか、新人マネジャーを静観し、事態の悪化を放置する。たしかにそうかもしれない。しかし私の経験から言えば、そのように学習できる人は稀で、助けを必要としている人のほうが多い。包括的なトレーニングと集中的なコーチングがなされない場合、新人マネジャーの上司の役割が大きくなる。残念ながらほとんどの企業で、そのようなプログラムは用意されていない。シニアマネジャーが、毎週のように相当の時間を割いて、新人マネジャーの仕事を監督できるものでもない。ただし、上司であるあなたが、彼らが直面しやすい問題をあらかじめ承知していれば、ある程度の予測が可能となり、問題によっては未然に防ぐこともできる。

新人マネジャーの特徴 1 部下への権限委譲をためらいがちである

効果的に部下に権限委譲することは、新人マネジャーにとって最も難しいことかもしれない。シニアマネジャーは、厳しい期限を設け、大きな責任を課し、しかるべき成果を出すよう、過大なプレッシャーをかける。このような要求に、大方の新人マネジャーは「ともかく成し遂げる」という態度で臨む。これまでもそうしてきたから、昇進できたわけでもある。

彼らが権限委譲をためらうのは、その根本に恐怖心があるためだ。まず、自分が築き上げてきた評判を失うことを恐れる。部下たちに目立つ仕事をさせてしまうと、周囲の評価は部下に集まることになる。その場合「自分もきちんと評価されるのだろうか」「上司や部下に自分が生み出した付加価値をわかってもらえるのだろうか」などと懸念するのだ。次に、コントロールを失うのではないかと恐れる。「この仕事をフランクに任せたら、彼がきちんとやっているのかどうか、どうやって確かめればよいのか」。そう心配しながら、新人マネジャーはフランクに仕事を与える。結局、フランクが自分の仕事とは思えなくなるほど干渉することになる。最後に、部下への負担が過重になることを気遣って、仕事を任せないというケースもあれば、かつての同僚の不満を買うかもしれないと恐れて、仕事を割り当てられないこともある。しかし、本当に不満を買うのは、部下たちが成長するチャンスを奪われていると感じる時である。
　これらの恐怖心は、次のような兆候となって表れる。
- ●極端に長時間働いている。
- ●新しい仕事を引き受けたがらない。
- ●新人マネジャーの部下たちのやる気が減退している。
- ●新人マネジャーが、部下たちとあなたを直接話させず、部下たちに代わって答えようとする。
　若輩のマネジャーに権限委譲を効果的に進めさせるには、彼らの新しい役割を認識させることだ。新しい任務は、個人的に成果を上げることと根本的に異なるという認識を植え付けさせるのだ。次いで、上司や会社がリーダーのどのような点に価値を置いているのかを明確にする。どの企業でも、昇進に値する人材を育成することが課題である。定量的な目標を達成することに加えて、なかなか日に見えない努力もきちんと評価されることを、新人マネジャーに理解させるのだ。いずれにしても、この新しい役割を理解することが新人マネジャーには難しい。にもかかわらず、多くの企業が「そんなことは端から承知のはずだ」と考えがちなのである。

　役割の違いを明らかにした後に実践させる。その時、言うまでもないが、上司であるあなたが範を垂れる必要がある。新人マネジャーの実力を引き出す責任は上司にある。手本を示しながら、組織における自分の存在価値に疑問を抱いているといった類の不安を取り除いていくのだ。さらに、新人マネジャーがチームに深く関与し、チームの実力を引き出せるようなチャンスを二人三脚で探していく。

私が関わった若いマネジャーの一人は、その時間の多くを部下の教育と監督に充てていた。彼が勤める企業は買収されたばかりで、高い離職率という問題を抱えていたからだ。また、業界の新しい規則や基準にも適応しなければならない時期でもあった。これに加えて、彼の部下の中では最年長で、しかも買収した側で働いていた女性が長期休暇を終えて戻ってくるところだった。彼女は、パートタイム勤務で、同社における最大クライアントを担当することを希望していた。彼は「きっと彼女は自分に手を貸してはくれまい」と信じ込んでいた。

彼女は彼が上司になることに不満を感じていると、彼自身が勝手に憶測したことが、さらに事態を複雑にしてしまった。しかし、我々が調べたところでは、その女性の一番の願いは、いま一度しかるべきチームメンバーとして受け入れられることだった。これに気づいた彼は、彼女が監督者としての責任を引き受ける代わりに、比較的仕事量の少ないクライアントを担当するよう要請した。彼女はこれを快く引き受けた。実際、マネジャーと協力してチームをつくり上げるという仕事を楽しみに、彼女は無事職場復帰を果たした。

新人マネジャーが業務量について不平を申し立てている時こそ、権限委譲について話す絶好のチャンスだ。最初に小さなリスクを取ってみるよう勧めてみる。部下の強みに賭けさせるのだ。たとえば、手際もよく信頼できるアシスタントに、新商品の発表に関する進行を任せてみるといったようなことだ。きめ細かい仕事に慣れていないトップセールスマンに頼むよりよほどリスクは低いだろう。最初の成功は自信につながる。その結果、チームメンバーの能力を高めるために、さらに大きなリスクが取れるようになる。要するに、権限を委譲することはけっして権限を放棄することではないことを心底理解させることだ。大きなプロジェクトの場合などは、管理しやすい仕事に分割し、それぞれに日標を設定するだけで、後々の管理もやりやすくなる。マネジャーが進捗状況を把握できるばかりか、部下がその仕事に対して責任を実感できるためにも、プロジェクトが始まる前からミーティングを定期的に開いておくことも重要だろう。

新人マネジャーの特徴 2｜上司の支援を仰ごうとしない

新人マネジャーの多くが、上司との関係をパートナーシップというより師弟関係と見ている。会議では上司の第一声を待っているし、報告や結果を尋ねてくるのを待っている。この控えめな態度は心地よいかもしれないが、概して危険な兆候である。一つには、上司にすれば、不可欠な類のコミュニケーションの妨げとなっているかもしれないからだ。もっと決定的なことは、新人マネジャーが上司を「後ろ盾」と見なさなくなることだ。彼らがあなたをそう見ないということは、彼らが部下たちからそう見られるようになろうとはしないだろう。問題は、上司というあなたの地位のせいで、新人マネジャーが萎縮しているというだけでなく、彼らがあなたに弱みを見せることを恐れていることなのだ。マネジャーになりたての人は、あなたに弱点を知られたいはずがない。昇進させたのは失敗だったとは思われたくないからだ。新人マネジャーに上司との関係について尋ねると、「上司の歓心を買おうとする」「上司への発言に気を配っている」と言う。

経験不足のマネジャーの場合、失敗が明らかになりつつあっても、上司の支援を仰ごうとしない者もいる。有能に見える新人マネジャーも、プロジェクトの失敗や人間関係のもつれを隠そうとする。そして自分で何とか体制を立て直した後、事後報告したりする。

私が知る技術系企業のマネジャーが、彼女より二〇歳年上の専門家を雇った時もそうだった。この会社も他の技術系企業と同じく、若い人たちで占められていた。彼女なりの最大限の努力をもってしても、その専門家は新しい組織に馴染めなかった。上司の助けを借りようとはせず、彼女は独力で状況を打破しようと心を砕いた。結局、その専門家は繁忙期に退職した。この若い女性マネジャーはダブルパンチを食らったことになる。最も人手が必要な時にスタッフの数が足りず、そして貢献度が高いと思われた人材を失ったのだ。

新人マネジャーの上司としてはどのように対処すべきだろうか。まず、あなたが期待することをはっきりさせることから始めよう。新人マネジャーの成功が自分の成功であることを説明する。忌憚のない対話が目標達成には欠かせないことを理解してもらう。

さらに、すべてにおいて満点を期待しているわけでないことも説明すべきだ。助けてくれそうな他のマネジャーを紹介し、必要があればコンタクトするよう勧める。ミスは避けられないものであり、ただしそれを隠そうとすることのほうが罪深いことを納得させるべきだ。時には昼食でも一緒にしたいと思っていることを伝える。無論、あなたのほうからも誘ってもよい。昼食をともにしたり、約束もなくふらりと立ち寄って会話を交わしたりすることも大事だが、それだけで十分とはいえない。新人マネジャーとは定期的にミーティングしたほうがよい。たぶん、マネジャーになりたての頃は毎週、自信がつくに従って隔週か月ごとに移行していく。ミーティングが親交と信用を深めるきっかけとなる。上司であるあなたは、彼らがどのように仕事に取り組むのかを知ることにもなろう。一方、新しいマネジャーは自身の考えを定期的に整理できるようになる。

はっきりさせておくべきは、ミーティングが新人マネジャーのために開かれ、話の内容も彼らが決めるということである。あなたの役割は、質問を投げかけたり、質問に答えたり、そしてアドバイスしたりというものになる。その際に送るべきメッセージは、新人マネジャー諸君の仕事はあなたにとって重要であり、あなた自身がビジネスパートナーとしてコミットメントを惜しまないということだ。妙に意識することなく部下の実力を引き出し、導くための範を垂れるようにするのがコツである。

新人マネジャーの特徴 3 意識的に自信があるように装うことができない

自信がなかろうとも、あるかのように装う。誰しも経験があるのではないか。長年マネジャーをしていると、どんな場合にそうしなければならないかがわかってくる。しかし、新人マネジャーはとにかく自分のことで手一杯だ。そのような必要性にも気づかなければ、周囲にどのような印象を与えているのかもわからない。仕事をこなすことに頭が一杯で、態度も大事なことを忘れがちである。部下に認められるという点からも、最初の数週間、そして数カ月が勝負だ。自信ありげに見せないと、ナームを刺激し、活気付けることが難しい。

なりたてのマネジャーは自身の日々の態度が組織に悪影響を与えていることに気づかないが、我々はそのような人たちをコンサルティングするケースも多い。

たとえば、急成長した技術系企業で、リンダというサービスマネジャーが大きなストレスを抱えていた。サービス関連の苦情は絶えず、収拾がつかなくなっていたのだ。クライアントたちはその顧客から結果を求められるため、要求は厳しかった。彼女の部下の数は増え続けたが、その多くが経験に乏しかった。クライアントと社員はいら立ち、彼女は日々窮地に追い込まれていた。恐怖に歪んだ形相で息つく間もなく走り回り、まさしく崖っぷちに立たされている様子だった。新人マネジャーには重すぎる課題だったとはいえ、急成長企業にはよくあることだ。ある意味、リンダはよくやっていた。ビジネスはちゃんと回っており、クライアントの数も増えていて、その継続率も高かった。それは、彼女の努力と機転によるところが大きかった。しかしその一方で、彼女が与えているダメージも大きかった。

リンダのなりふり構わない態度は、二つの重要な波紋を広げていた。まず、意図したわけではないが、彼女が部内の行動様式を規定していた。経験不足の部下が同じような態度を示すようになっていたのだ。ほどなく他部門がリンダの部門と連携するのをためらうようになっていった。じゃまするわけにもいかず、ましてやいらぬ摩擦を起こしたくなかったからだ。しかし、サービスの問題を本気で解決するには、各関係部門との情報交換が欠かせない。それはなされていなかった。さらにリンダは、上司に「昇進に値する人間」という印象を与えていなかった。彼女のクレーム処理能力は高く評価されていたが、「シニアマネジャーは自信と思慮にあふれている必要がある」という人格面で疑問視されていたのである。詰まるところ、昇進を妨げ、部門の発展を阻害していたのは、彼女自身の印象だったのだ。

もちろん、新人マネジャーのすべてがリンダと同じ問題を抱えているわけではない。逆に傲慢に見える人もいるし、端々に自信のなさが出てしまう人もいる。新人マネジャーが重圧で押し潰されそうでも、傲慢極まりなくとも、不安にかられていようとも、忌憚のないフィードバックが最も効果的だ。思っていることを率直に話したほうが気持ちが安らぐことを新人マネジャーに教えておくべきだ。もちろん誰もいないところで、である。リーダーたる者、その影がいかに大きく映し出されるかを強調する。部下はたえず上司を子細に観察している。そこにプロフェッショナリズムが感じられれば、部下もそのように振る舞うようになる。だからこそ、意識的に行動することの大切さを新人マネジャーに諭す必要がある。周囲に与えている印象について日々意識させる。少しでも後ろ向きなマネジャーを見つけたら、すぐ伝えるべきだ。

自分の影響力を過小評価する新人マネジャーも要注意である。先のリンダは新人マネジャーにありがちな間違いをもう一つ犯している。彼女の上司が起案したプロジェクトを、部下と一緒に実行に移す時のことである。そのプロジェクトを部下たちに説明した際、「これはシニアバイスプレジデントが考えたものだから、重要な仕事である」と言ってしまったのだ。メンバーを動機付けるという意図は間違いではないが、この説明はみんなの視線を彼女にではなく、彼女の上に逸らしてしまうものだった。部下から上司の代弁者と見られることほど、その信頼を失墜させるものはない。プロジェクトの進捗状況を上層部が確認することを伝えるのはさして害にならないが、けっして単なる伝言係と思われるような振る舞いをしてはならない。

自信を演出させるうえでも、現場でコーチングすることが最も効果的だ。たとえば、新人マネジャーがプロジェクトを初めて立ち上げる時、上司であるあなたは時間を割いてそのプロセスを一緒に考えたりする。次のようなマネジメントの不文律を強調しよう。部下に好かれる必要はないが、信頼される必要があると。その際、部下たちに伝えるべきことは何か、新人マネジャーが正しく理解しているかを確かめる。新人マネジャーにとっての難題の一つに解雇の話がある。生半可な準備で臨ませるべきではない。できるだけ多くの情報を共有することだ。予行演習などを通して想定問答を済ませておく。最初は「何とまずい回答にしているのか」と驚くかもしれないが、少し練習するだけで、会社と新人マネジャーのイメージを救うことになる。

新人マネジャーの特徴 4｜部分ばかりに拘泥し全体が見えない

新人マネジャーは、目の前の仕事に追われるあまり、本来の役割を忘れがちだ。部内昇格の場合によく見られる傾向である。火消しに走り回る第一線から昇進してきたのだから、当然と言えば当然だ。つい最近までは実務的ノウハウを駆使して活躍していたため、新人マネジャーが、助けを求めるクライアントや部下の救出に本能的に向かってしまうのも理解できる。そこで得られる達成感は、火災の元凶をすべて断つよりもはるかに魅力的で爽快なものでもある。それゆえ、戦場に足を踏み入れ、正義のために戦うことこそチームスピリットを最も鼓舞するものだと考えてしまう。

危機に瀕した時、リーダーが隊列に加わることでチームスピリットの姿は示されよう。しかし、すべての危機がリーダーみずから対処すべき本当の危機なのか。配属されて間もないリーダーの部下たちは、複雑な課題に対処するように、リーダーから任されているか。もし新人マネジャーが消火活動に忙しいとすると、誰が部門の戦略を描くのか。シニアマネジャーとして、これらの疑問に思い当たるところがあれば、あなたの部下もその役割を十分に理解していない新人マネジャーなのかもしれない。また、理解していないのではなく、そのように理解するのを恐れている場合もある。

最近私が関わった若いマネジャーも頻発する問題に対処し続けるあまり、肝心の戦略課題に費やす時間をなかなかつくろうとしなかった。いろいろ質問していくと、起こるかもしれない問題に対応できるよう臨戦体制を敷くことが自分の職務であると考えていたことがわかった。何か予定を入れ、その時に緊急事態が起こったら、誰かを失望させるかもしれないと考えていた。「もし本当に緊急事態が起こった時には、戦略課題に費やす時間を変えればよい」と指摘したところ、彼は安堵した様子だった。なぜなら、事業の方向性を考えるために時間を割くことは、自分勝手な振る舞いだと考えていたからだ。次年度までに自分のグループの生産性を飛躍的に高めるよう、指示されていたにもかかわらずである。当然彼は何の準備もしていなかった。

シニアマネジャーは「昇進には戦略思考が欠かせない」ことを、新人マネジャーに諭すべきである。初めて管理者になった者ならば、一〇％の時間を戦略に、残りの九〇％を実務にといった具合だ。地位が上がるにつれてその割合は逆転していく。次の段階で成功するには、マネジャーは戦略的に思考し、行動できなければならない。定期的なミーティングを重ねながら、新人マネジャーが全体像に目が向けられるように導く。次から次へと最近の成果を話させても効果はない。むしろ成果に関して質問を投げかけるのだ。たとえば、「これから半年くらいの間に事業に影響を与えそうな市場トレンドについてどのように見ているのか。そのような市場トレンドに、競争相手はどのように対応するのか」といった具合である。部下が受けているトレーニングを称賛する前に、「来年、生産性を二五％上げるには、さらにどのようなスキルが必要か」といった質問を投げてみるべきだろう。もしその回答に不満があれば、どのように考えればよいのかを教える。答えをあれこれ並べるのではなく、戦略思考のプロセスをなぞらせるのである。

新人マネジャーの場合、目標よりも活動に目が向きがちである。それは、目の前の仕事をやっつけるのはたやすいが、目標を実現させるには時間がかかるからだ。たとえば、営業マンのプレゼンテーション能力を高めるセミナーを開催するといった活動は、実際に営業マンの能力を向上させるという目標よりたやすい。シニアマネジャーは、新人マネジャーに戦略思考を身につけさせるよう手を差し伸べなければならない。その際、文書によって目標とその実現に必要な活動を区別させたりするとよい。目標を設定することの重要性をたえず言い続けることで――新人マネジャーのみならず――すべてのマネジャーが作戦計画を戦略的に立案できるようになる。「部下の育成」といった目標は重要だが、把握しにくく、評価しづらいため、しばしば見過ごされがちだ。明確なアクションプランと一緒に目標を文書にまとめさせることで、具体性が増す。達成時の満足感も高まれば、報酬面での見返りも期待しやすくなる。目標を明確に持っているマネジャーは、四六時中、実務に追われるのを嫌う。強調すべきは、一連のプロセスを見ることで、考えるべき点について頭を使い、チームを効果的に推進していると確信できることである。

新人マネジャーの特徴 5 部下へのフィードバックをためらう

誰でも対立は避けたい。他人の行為や行動を変えさせなければならない時もためらいを感じる。新人マネジャーも同じで、部下に大事なことが言えないでいる場合が多い。次のような話がよくある。部下が目標を達成しようと悪戦苦闘している時、あるいはミーティング中に不適当な言動がある時、マネジャーはまずはじっくり構え、事態を見守り、徐々に改善することを期待する。他の部員は状況を観察し、マネジャーが何もしないことにイライラし始める。マネジャー自身のイライラも募る。当事者がこれに気づかないことが信じられなくなる。そうなると、単純な業績の問題が、信用の問題へと発展していく。マネジャーが問題を指摘する段階では、すでに個人的な感情抜きには語れなくなっている。もはや話し合いの席でいら立ちを隠すことはできず、その部下は攻撃をかわそうと言い逃れに走る。

経験の浅いマネジャーの多くが、業績についてなかなか部下と話したがらない。シニアマネジャーは、建設的なフィードバックが、批判ではなく、権限委譲のもととなることを理解できるような雰囲気を醸成すべきだろう。そのためには、まずあなたの下にいるマネジャーの成長について、あなたがフィードバックを示すことから始める。具体的には、その人の弱点と、それを原因とする問題が生じる前に教えるといった簡単なことである。たとえば、業績がよければ、その話の後、次のような会話を展開してみてはどうだろう。「全体的に見て、会社における君の将来は前途洋々である。だからこそ、君が私に知られたくないことについて話してみることも大切なのだ。どんなことに最も自信がないか。何か事が起こり、それに対処する際、どんなことを事前に考えておかなければならないか」。成績優秀な人材のさらなる成長についていかに真剣に考えているかをあらためて知ることになるかもしれない。実際、そのような機会を設けない限り、なかなか自分では取り組まないものだ。

部下へのフィードバックは、楽しくない内容や一筋縄ではいかない内容も多い。大事なのは「部下が目標を達成できるよう何かしたい」という気持ちを、新人マネジャーの中に育ませることだ。そうなれば、気の重い人事問題も取り組みやすくなる。

私のクライアントの一人は優秀な年長の部下を管理していた。その部下は非協力的であるとの悪評がある一方、当人は昇進の機会がめぐってこないことを不満に思っていた。マネジャーはその部下の態度が悪いことを指摘したくなかった。そこで、それを避ける代わりにより生産的な手段を選んだ。つまり、マネジャーが知っていた彼女の個人的な目標を逆手にフィードバックしたのである。「あなたはマネジメントの仕事に早くつきたいと思っている。私の目標の一つは、あなたがそうなることを実現することだ。そのためには、私とあなたとの間に信頼関係が必要だ。マネジメントの大きな役割は部員のスキルを強化することだ。これまでのところ、あなたがその役割に積極的とは見えていない。私と一緒にその役割を担ってもらえないだろうか」

罪悪感を抱かせることもなく、忠告めくこともなく、彼女がほしいものを手に入れる手助けを買って出ただけである。しかも、そのメッセージは実に明快だ。

このクライアントとのブレーンストーミングで、いま述べたようなフィードバック方法が考え出された。しばしばブレーンストーミングによって、新人マネジャーのやっかいな個人的な問題もビジネス上の問題に置き換えられる方法が見つかる。この非協力的な年長の部下の場合、その姿勢には問題がなく、その行動に問題があった。姿勢を改めさせるよりも行動を変えさせることのほうがはるかにやさしい。「人格を変えろとは言えないが、態度を変えろとは言える」という古いことわざを忘れるなかれ。

シニアマネジャーは、難しいテーマを議論するための話法についても、可能な限り伝授すべきである。あるマネジャーは部下が彼女の判断に疑問を差し挟むたびに守りに入った。彼女はみずからの言動が自身の印象や信用を貶めていることを十分承知しており、そのような場合にどのように対応すればよいのか、その技法を知りたかったのだ。その後、ちょっとした質問形式を用いて、迅速に誠意をもって切り返す術を覚えた。「具体的にはどういうことかしら」といったものだ。この単純な話法のおかげで、彼女は考える時間を稼げるようになり、守りではなく建設的な議論を交わせるようになった。あまりにも深刻に考えすぎて、みずからそのようなことを思い付けなかったのだ。

新人マネジャーだけの問題ではない

権限委譲、戦略思考、コミュニケーション等々——。これらはマネジメントのイロハのように聞こえるだろう。実際、その通りだ。しかし、経験の浅いマネジャーはマネジメントの基本につまずきがちである。あまりに基本的なことであるため、新人マネジャーの上司はそれを当然できるものと考えてしまう。しかし、そのように考えてはいけない。驚くほど多くの人がこのスキルを習得できないでいる。本稿では、新人マネジャーだけがこのようなコアスキルを身につけられずに苦労しているかのように述べてきた。しかし現実には、あらゆる階層のマネジャーが同じ過ちを犯している。新人マネジャーがこれらのスキルを習得できるよう支援する企業は、驚くべき競争優位を手にすることとなろう。

第**4**章

あなたは「24時間働く」仕事人間になれるか

ボストン大学 クエストロムスクール・オブ・ビジネス 助教授
エリン・リード
ハーバード・ビジネス・スクール 助教授
ラクシュミ・ラマラジャン

"Managing the High Intensity Workplace"
Harvard Business Review, June 2016.
邦訳「あなたは『24時間働く』仕事人間になれるか」
『DIAMONDハーバード・ビジネス・レビュー』2016年11月号

エリン・リード
(Erin Reid)
ボストン大学クエストロムスクール・オブ・ビジネス助教授。

ラクシュミ・ラマラジャン
(Lakshmi Ramarajan)
ハーバード・ビジネス・スクール助教授。

「理想的な働き手」になることを迫られる従業員たち

シリコンバレーからウォール街まで、あるいはロンドンから香港まで、超多忙な組織の話には事欠かない。上司はいつも過剰な仕事を部下に課し、勤務時間外でも部下に連絡を取り、ぎりぎりになって残業を依頼する。こうした要求に応えるため、部下は早朝出社、深夜残業、徹夜、週末勤務をこなし、毎日二四時間休みなくメールをチェックする。そして、このような対応ができない（したくない）者は基本的に不利な扱いを受ける。

従業員はこうして、社会学者の言う「理想的な働き手」になることを迫られる。つまり、仕事にひたすら打ち込み、常に臨戦態勢でいなければならない。この現象はさまざまな職場に広がっており、ＩＴ系スタートアップ、投資銀行、医療機関などの事例が詳しく報告されている。これらの場所では、仕事以外の関心事に熱心に取り組んでいる気配を見せると、仕事に向いていないと思われかねない。

モルガン・スタンレーの経営幹部であるカーラ・ハリス（注1）も、同社で働き始めた頃はそんな心配をした。彼女は情熱あふれるゴスペルシンガーでもあり、ＣＤを三枚出している。コンサートへの出演は数知れない。しかしキャリアをスタートさせた当初は、そのことを黙っていた。歌に時間を注ぎ込んでいることをオープンにしたら、仕事の面で不利益を被るのではないかと案じたからだ。さまざまな調査研究から、そんな懸念ももっともだと思わされる。

理想的な働き手になろうとすれば、仕事を他の何よりも優先させなければならないことが多い。親としての役割（子どもが生まれる前も含めて）、個人的なニーズ、そして時には自分の健康さえも犠牲にする選択をしなければならない。この現実はなかなか口にできない。ましてやこれに異を唱えるのは相当難しい。なぜなら、こうした選択をした際の個人的・物理的コストははっきりしているのに、圧倒的に多くの人が、仕事で成功するには自分や周囲の人がこの理想に従わねばならないと考えているからだ。こうした考え方のせいで、二四時間働けというプレッシャーを確実に減らすような変革案に従業員が反対する場合もある。たとえば、ベスト・バイが長時間労働をやめて成果を重視しようとした時、一部のマネジャーは二の足を踏み、仕事に対する無私の貢献が必要だという考え方に固執した。

理想的な働き手であれという圧力はしっかり根付いているが、人々がそれにどう対処し、どんな影響が出ているかはほとんど知られていない。理想の労働者像という期待を企業文化に織り込むのは有益なのか。その期待に応えることが個人レベルで必要なのか。コンサルティング、金融、建設、起業、ジャーナリズム、教育など、幅広い分野の数多くの専門家に聞き取り調査したところ、理想的な働き手であることは必要でも有益でもないケースが多いように思われた。男性か女性か、子どもがいるかいないかを問わず、大多数の従業員は、仕事一辺倒でそれ以外のことを顧みないのは難しいと考えている。彼らは仕事以外の人生も何とか大切にしようと苦心している。その結果たどり着いた解決策によって、ストレスを制御できることもあるが、深刻でやっかいな展開に苦しむ場合も多い。

以下、一〇〇%仕事に打ち込み、その準備を整えよというプレッシャーに人々がどんな戦略で対応しているか、そしてその戦略が本人、部下、組織にどんな影響を与えているかを述べる。そして最後に、マネジャーのちょっとした変化によって、より健全な、ひいてはより生産的な組織文化を築く――その方法を紹介する。

三つの戦略

我々の研究によれば、従業員は次の三つの戦略のいずれかに頼る傾向がある。

❶プレッシャーが強い職場の要求を受け入れ、これに従う。
❷理想的な働き手の振りをしながら、逃避の手段を密かに探す。
❸仕事以外にも大事なものがあり、それを捨て去る気がないことを公言する。

受け入れる

一〇〇%仕事に打ち込めというプレッシャーをただ受け入れ、これに従う人が多い。実際、我々が調べた会社のうち、あるコンサルティングファームでは、インタビューした人の四三%がこのグループに当てはまった。これら「受容者」は、仕事で成功するために職業的アイデンティティを優先し、人生のそれ以外の重要な側面を犠牲にしたり、抑え込んだりする。我々はいろいろな職業の人に話を聞いたが、彼らは何やら悲しげに、市民活動に参加する、マラソンを走る、あるいは家族との生活を大切にするといった夢を諦めた話をしてくれた。ある建築家は次のように述べた。

「私は毎日二四時間休みなく設計に縛られています。いまのプロジェクトについて、上司は真夜中だろうが午前六時だろうがメールをしてきます。自分の時間がなく、ある意味、私は彼の言いなりです」

仕事が楽しくてやりがいがあれば、受容という戦略も効果的で、従業員はキャリアアップを実現できるかもしれない。しかし、他のすべてを締め出すような職業的アイデンティティを優先すると、キャリアを脅かす何かがあった時に傷つきやすい。心理的に一つのことにすべてをかけているからだ。失業などの挫折をした際、受容者はこれに対応するのが特に難しい。仕事以外の生活の支えがなくなっているからだ。仕事が順調な時は、仕事がすべてでも充実感があるだろう。しかし長期的には、それはもろさにつながるのだ。

また、理想的な働き手の文化を受け入れる人は、そうでない人を理解するのが難しい。その結果、彼ら受容者は二四時間働くことを従業員に迫る中心的存在になる。仕事以外にも生活がある人のマネジメントができないのだ。あるシニアコンサルタントは、いっしょに働きたい人を次のように表現している。

「明日の会議ではどうしよう、と夜通し考えている人が理想です。だって私もそうしているから」

たぶん意外に思われるだろうが、受容者は組織の期待に応えようとする人にとっても、よきメンターであるとは限らない。受容者が仕事に没頭しているせいもあって、後輩従業員は彼らを振り向かせたり、その時間をもらったりすることがなかなかできないのだ。あるコンサルタントの言葉を借りれば、「ゲームのルールを知らずに参加するのがどれだけストレスになるかを、彼らはもはや理解できないのです」

ということだ。その結果、彼ら受容者は後輩の育成においては、追い詰めるような「一か八か」のアプローチを取ることが多い。

振りをする

第二の戦略は、会社や組織に気づかれないように、仕事以外の活動に時間を費やすことだ。先のコンサルティングファームでは、二七%がこのグループに分類された。彼らは理想的な働き手の振りをしている。社会学者のアーヴィング・ゴッフマン(注2)の用語では、これを「パッシング」という。身体的障害や人種など、社会的に不利なる特徴や差別のもとになるおそれがある個性を隠そうとすることだ。理想的な働き手にうまくなりすましたコンサルタントは、仕事一筋の文化を本当に受け入れた人たちと同じくらい高い評価を受け、同僚からは「常にオンの状態」であると評された。

いろいろな職業の人がこのパッシングの方法を身につけているが、具体的なやり方は実にさまざまだ。たとえば、地元の業界を重視することで、担当するクライアントへの移動時間を最低限に抑えたコンサルタントがいる。おかげで仕事以外のことに割く時間も生まれるわけだ。あるコンサルタントは、こうすることで、あくまでも理想的な働き手であると見せながら、恋人と過ごす時間を確保し、スポーツを楽しむことができると述べている。

「移動するのはいつもプライベートな時間です。だから私は地元の企業を優先します。すぐ近くなので車で行けますから」

別のコンサルタントも地元のクライアントとだけ仕事をし、たびたび在宅勤務をしては労働時間を減らしていた。彼はまた、自分の居場所に関する情報をコントロールするという、別の重要な手段も利用した。前の週はプライベートな時間がほしいとわざわざ要求することもなく、毎日スキーをしていたのだと（いささか嬉しそうに）教えてくれた。それでも先輩たちは彼のことを、会社の中でも相当に仕事熱心な成長株と見ていた。

地元重視ではなく、距離を活用して成功を収めるパッシング名人もいる。我々がインタビューしたある記者は、一流全国紙の地方取材を引き受けたおかげで在宅勤務ができ、家族と時間を過ごすことができた。記事は子どもたちが寝静まった夜間に提出した。それでも理想的な働き手という評判は変わらなかった。彼は笑いながらこう言った。

「本部から何百マイルも離れているので、誰も私の居所を知りません。その地域にいるのは私だけでした」

こうして理想的な働き手の振りをすれば、すべてを仕事に捧げなくても、要求の多い企業文化の中で生き残ることができるが、自分自身の一部を同僚や上司、部下に対して隠すことの心理的代償は大きい。人間は自己表現し、他人に知ってもらう必要がある。アイデンティティの重要な側面を職場で知ってもらうことができないと、人は精神的に安定せず、充実感を得られない可能性がある。やる気が高まらないのはもちろんだ。こうした感情は組織にとっても高くつく。我々の研究によれば、パッシングという戦略を取る従業員は離職率が時間とともに高くなる傾向がある。つまり、短期的には何とか生き残れたとしても、自分自身の大事な部分を長期間、同僚に対して隠し通すのは難しいということだ。

理想的な働き手の振りをすると、他人のマネジメントもやりにくくなる。振りをする人は、「理想的な働き手」像に従うことを必ずしも奨励したいわけではないが、他方、パッシングという上手なごまかし方を部下に助言するのも問題がある。かといって、二四時間働けとの要求に公然と抵抗するのも、やはり問題がある。（後で見るように）抵抗した人はその後のキャリアが難しくなるからだ。さらに複雑なことに、パッシングの名手は、ほとんどの従業員は始終働いていたいのだと信じている可能性がある。自分は「振りをした」けれども、部下に同じようにしろと助言するのはやめた――そんなある企業幹部は、次のように述べている。

「部下には幸せになってもらいたい。でも、たくさん働くことが彼らの幸せなら、私がつべこべ言う権利はない」

パッシングという戦略の見えにくいマイナス面は、「理想的な働き手」という文化に公然と異を唱えず、その文化の温存を許していることだ。ワーカホリックにならなくても成功できるということが実証されているのに、組織は相変わらずいままで通りに仕事を設計・測定するのである。

公言する

みんなが理想的な働き手の振りをしたいわけではないし、そうできるわけでもない。最初は振りをしていたが、やがてこの戦略にフラストレーションを募らせる人も中にはいる。こうした人は仕事以外の生活をオープンにし、勤務時間の短縮をはじめ、自分の仕事の構成を変えてほしいと願い出る。先のコンサルティングファームの場合、インタビュー対象者の三〇％がこの戦略を目指していた。理想的な働き手たれという圧力に抵抗する人は、主に家族のある女性だと思われがちだが、我々の調査では大きな男女差は見られなかった。先のコンサルティングファームのデータでは、女性の半分弱がこの「公言者」タイプで、男性は四分の一強だった。

公言すれば、同僚に自分をすべて知ってもらうことができる（パッシング戦略を取る人はそれができない）。しかしその結果、キャリアに大きな痛手が及びかねない。先のコンサルティングファームの勤務評定や昇進のデータを見ると、公言者はかなりのペナルティを負っていた。たとえば、あるコンサルタントは仕事を最優先したくないと意思表示し、父親として育児休暇を取りたいと申し出た。妻が妊娠八カ月なので、一時的に仕事の猶予がほしかったのである。ところが、仕事への献身が足りないのではないかという疑問が周囲から投げかけられた。

「役員の一人は私にこう言いました。『本当のプロになるか、単なるその辺の人で終わるか、いまが選択のしどころだ。プロになるなら、仕事ほど重要なものはありえない。世界に通用したければ、全身全霊を傾けないとだめだ』」

組織の文化に従わないことで制裁を受けると、やがて憤りの気持ちが生じかねない。それによって、仕事を何よりも優先させるモチベーションが生まれるどころか、もっと自分に合った環境を求めて組織を去るケースもあるだろう。

仕事以外に大切にしているものを公にし、そのことで不利な扱いを受けると、他者のマネジメントも難しくなる。パッシング戦略を取る人の場合と同じく、理想的な働き手になれという圧力を受け入れるよう部下に促すのは気が進まないし、かといって抵抗した場合の代償は身をもって知っているため、これを勧めるのもためらわれるのだ。

もっとよい方法があるはず

我々の研究によると、従業員が仕事とプライベートを区別しやすいと感じれば、組織にとっても、従業員エンゲージメント（自社に愛着を感じ、その成長に積極的に関わること）の向上、よりオープンな関係構築、成長機会の拡大といったメリットがある。「理想的」な働き手が意味する中身を――ハイパフォーマンスを犠牲にすることなく――もっと実りある方法で定義するため、マネジャーは三つのステップを踏むことができる。これは幹部クラスからのトップダウンで進める必要はなく、チームレベルで効果的に実行できる。

自身の多面的アイデンティティを磨く

リーダーの立場にいる人は、自身の仕事以外のアイデンティティを養うことで、理想的な働き手像を無批判に受け入れることから来る「もろさ」を回避できる。市民活動やスポーツに打ち込んでもいいし、家族を大切にしてもいい。ある建築家は、仕事だけが自分の値打ちだと決めてかかっていた時は、仕事に苦しんで失敗すると、救いようがないほど打ちひしがれたと言う。皮肉なことに、仕事以外にも視野を広げると、仕事上の充実感はむしろ大きくなった。こうして再起力《レジリエンス》の増したマネジャーは、公私のバランスが取れた従業員こそ組織にとっての価値を創出できるのだと気づくこともできる。

従業員の組織外での活動が職場にもたらすプラス面を指摘することで、マネジャーは組織の規範を変えていくことができる。あるコンサルタントは、自社が別の会社と合併した際、あることに気づいた。新しい同僚たちは午後五時半以降、誰一人オフィスに残っていないのだ。この点を尋ねると、次のような答えが返ってきた。

「従業員には起きている時間をすべて仕事に費やしてほしくない。もっと多面的で好奇心の強い人間でいてほしいし、外の世界に目を向けてほしい。いろいろな経験をし、それを仕事にも活かしてほしい」

地元自治体や子どもの学校でボランティアをするなど、外部の活動に積極的な人は、幅広い体験をし、専門的な知識に触れ、オフィスにこもっていては得られない人脈を築くことができる。

時間に基づく報酬を最小限にする

従業員がパッシング戦略を選ぶのは、出した成果の質よりも働いた（ように見える）時間で評価されることが多いのが一つの理由である。この傾向は日常の中に見え隠れする信念や慣習によって強化されやすい。たとえば、あるシニアコンサルタントは、成功するコンサルタントは「ハイタッチ」してもらえるようにならなければならないと信じていた。つまり、クライアントのところでたくさん時間を過ごしているので、クライアントのビルに入ると従業員がハイタッチをしてくれるというのだ。ある会社は、飛行機での出張回数が一番多い従業員を毎年表彰していた。仕事の成果より仕事の時間を重んじるというのは、ともすれば陥りやすい罠である。すると従業員は勤務時間をついごまかしたくなる。特に専門職の場合、頭脳労働は評価しづらいため、そうなりやすい。

我々の提案は、目標達成を重視するよう従業員に促し、費やした時間よりも実際に出した成果を測定することで、振りをする動機（および公言の代償）を減らしてはどうかというものだ。たとえば、クライアントと過ごした時間ではなく、提供したアドバイスの質や確保したリピート契約の数で従業員を評価する。また、期待される合理的目標をクライアントと共同で設定して、時間に基づく報酬をやめる方法もある。

もっと簡単にできる方針変更もある。我々がインタビューしたある従業員は、いまの上司は前の上司

修正できる点

仕事以外の生活に費やす時間を確保する。

仕事を最優先するよう部下に求めない。

さまざまな働き方を受け入れる。

一部の同僚に打ち明け、自分のことをよく知ってもらう。そうすれば彼らもプライベートを犠牲にしなくてもよいと思うようになる。

仕事以外の活動が仕事のパフォーマンスに悪影響を与えないことをはっきりさせる。

仕事について話し合う時は、過程ではなく結果を強調する。

他の同僚にももっとオープンになるよう促し、職場の意識を変える。

図表**4-1**｜**プレッシャーの強い職場で生き残る**

滅私奉公を強いる組織での振る舞い方に完璧な戦略はないが、自身の傾向を知り、そのリスクを理解し、可能な範囲でそのリスクを軽減することが役に立つ。まずは次の問いについて考えてみよう。夜に同僚から届いたメールへの対応はどのようなものか。

対応	戦略	動機	知っておくべきリスク
すぐに反応 必ず返信し、求められれば手早く仕事もする（「5分でやります」）。夜の予定はめったに立てない。	**受け入れる**	期待され、報いられる以上、仕事にすべてを捧げる。	燃え尽きたり、挫折からなかなか立ち直れなかったりする可能性がある。 部下のメンタリング、昇進できる部下の育成ができない。
見せかけの配慮 返信し、仕事をしているという印象を与える（「いまやっています。数時間かかりそうです」）。夜の予定を立て、予定通り行動するが、そのことをめったに口にしない。	**振りをする（パッシング）**	仕事以外の生活を維持しながら、キャリアも大切にしたい。	職場で密接な関係が築けない。 理想的な働き手という神話を存続させる。
翌日にフォローアップ 緊急でない限り予定を変更しない（「いま外です。明日着手します」）。その夜は返信しない場合もある。	**公言する**	隠し事をしたくない。変わるべきは組織のほうだと考えている。	キャリアに傷がつくおそれがある。 変化を要求するのに必要な信用を失うおそれがある。

とは違って、夜遅くまで残業するのは効率が悪い証と考え、これを認めないのだ、と言った。別の従業員は、自分自身の現実的な締め切りを決めるよう上司に指示されたと言う。そうした自主性を認められたハイパフォーマーは、パッシングや公言に走ることなく、約束を守り通す可能性が高い。

従業員の私生活を守る

ほとんどの組織は、たいていは善意から、仕事とプライベートの線引きを従業員に任せている。たとえば、ネットフリックスが休暇を無制限に取れるようにした時、マネジャーたちは社員を「大人」扱いしていると考えた。だが、完全な自由を与えると、「下手に休みを取ったら責任感がないと思われるのではないか」と社員が不安を覚えかねない。明確な方向性がないと、多くの社員は「理想的な働き手」像に囚われ、バランスの取れた生活をしたくても我慢してしまう。

マネジャーにはこの状況を変える権限がある。いままでとは打って変わって、従業員の仕事以外の時間やアイデンティティを積極的に保護すればよいのだ。たとえば、一部ではなく全部の従業員に、義務的な長期休暇、定期的な休暇、合理的な勤務時間などを導入してはどうか。単に休みを申請できるようにするのではなく、過重労働や長時間労働、予期せぬ残業をなくすと約束すれば、従業員も仕事以外の生活を充実させやすい。

＊　＊　＊

理想的な働き手であれというプレッシャーがいまほどきつい時代はないが、個人とその雇用主が払う代償も同様に高い。しかも、理想的な働き手の振りができる従業員の経験からわかるように、組織の成功には超人的な貢献が常に必要とは限らない。従業員のアイデンティティのあらゆる側面を重んじ、労働時間ではなく仕事の成果に報い、従業員の私生活を守るための策を講じれば、組織の文化として定着した理想的な働き手の「神話」を打ち砕くきっかけにできる。そしてそれは、従業員の再起力、創造性、仕事への満足度を高めるだろう。

【注】

（1）Carla A. Harris. 米国の大手総合金融機関モルガン・スタンレーのウェルスマネジメント（資産管理）部門バイスチェアマン、シニア顧客アドバイザー。一九八七年にモルガン・スタンレーに入社。以後三〇年近く同社に勤務する。二〇一三年、オバマ大統領の指名により米国女性ビジネス協議会（NWBC）の議長に就任。プロのゴスペルシンガーとしてCDも出している。主な著書に『モルガン・スタンレー 最強のキャリア戦略』（CCCメディアハウス、二〇一六年）。

（2）Erving Goffman は米国の社会学者。パッシング（passing、越境）とはその著書『スティグマの社会学』（せりか書房、二〇〇一年）で示されたもので、そこでは障害者が障害のないとされる人々の生活空間で生きていくために、仮面をかぶって生きていくことを指している。

第5章

「説得」の心理学

アリゾナ州立大学 リージェント教授
ロバート B. チャルディーニ

"Harnessing the Science of Persuasion"
Harvard Business Review, October 2001.
邦訳「『説得』の心理学」
『DIAMONDハーバード・ビジネス・レビュー』 2002年3月号

ロバート B . チャルディーニ
(Robert B. Cialdini)
アリゾナ州立大学リージェント教授（心理学担当)。著書に『影響力の武器［第3版］――なぜ、人は動かされるのか』（誠心書房、2014年）がある。影響力のメカニズムについては、www.influenceatwork.com に最新情報が掲載されている。

説得を「芸術」から「科学」へ

聴衆の心をわしづかみにする方法。意見の固まっていない人々を惹き付ける方法。反対の立場を取っていたはずの人々をなびかせる方法——。これらの方法を心得ているのは、ごく一握りの人々のみである。こうした「説得の達人」が周囲に魔法をかける様子を見ていると、感嘆すると同時にいら立ちを感じずにはいられない。感嘆するのは、カリスマ性と弁舌の巧みさによって他人を意のままに操っている点、そしてそれ以上に、相手の心を強く惹き付けて話に聞き入らせている点である。

それでは、なぜいら立ちを感じるのか。生まれながら高い説得力を持った人々の多くが、その傑出したスキルを解き明かすことも、他人に伝授することもできないからだ。彼ら彼女らは言わば芸術を極めているのである。芸術家は一般に、アートを実践することには長けているが、その秘訣を他人に伝えることは得意としない。世の中には、カリスマ性にも説得力にも乏しいにもかかわらず、リーダーとして部下に何とか仕事をしてもらわなければならない人々がいるが、芸術家はそうした人々の力になることができない。

「部下に何とか仕事をしてもらう」というのは、多くの企業のマネジャーにとってつらいけれども避けられない任務である。マネジャーたちは、自分のことばかりを考えているような社員を相手に、日々、どうすればモチベーションを引き出すことができるのか、どのような指示を出せばよいのか頭を悩ませている。「上司の言うことを聞け」などというせりふはまったく通用しない。こうしたせりふは、悪くすれば部下のやる気を削いだり、プライドを傷つけたりしかねない。そうでなくとも、クロスファンクショナルチーム、ジョイントベンチャー、企業間提携などのように、上下関係が曖昧で、建前上の上下関係よりも説得力のほうがはるかに大きな影響を持つ状況で仕事をする場合には、まったく意味を成さないだろう。

話を元に戻そう。説得力の必要性はかつてないほど高まっているように思われる。しかし、才能ある人々から秘訣を伝授してもらえそうもないのであれば、科学に目を向けることによって説得術を身につけるしかない。この五〇年の間、行動科学の諸実験によって、相手からいかにして譲歩、従順さ、態度の変化などを引き出せばよいかといった研究が飛躍的に進み、次のことがわかった。

❶説得というのは人間の根源的な衝動やニーズの一部に訴えかけるものである。
❷そこには予測可能なパターンが存在する。

言い換えれば、説得にはいくつかの基本原則があって、教え、学び、応用することができる。それらの原則をマスターしさえすれば、厳然たる科学に基づいてコンセンサスを形成し、契約を勝ち取り、譲歩を引き出すことができる。本稿では、説得の基本原則とそれを実務に応用するための具体的ヒントを紹介していく。

【原則1】好意を示す

――人々は好意を示してくれた相手の説得に応じる

◆具体的ヒント

自分と相手の共通点をアピールする

相手を心から称賛する

初めに格好の事例を挙げたい。「タッパーウェアパーティ」である。タッパーウェア製品のデモンストレーションは、個人――ほぼ一〇〇％女性である――が多くの友人、隣人、親戚などを招いて開き、招待された人々は、主催者への好意からタッパーウェアを購入する。この事実は、一九九〇年に実施された調査によって裏付けられている。この調査を行ったジョナサン・フレンツェンとハリー・デイビスは、*Journal of Consumer Research*（『消費者調査』誌）にこう書いている。「『主催者の好感度』と『製品の印象』を比べると、購買決定への影響力は前者が後者の二倍にも上る。すなわち、参加者は自分のためだけでなく、主催者に喜んでもらうためにタッパーウェアを購入しているのである」

同じようなことは、ビジネス全般にも当てはまる。したがって、人々に影響を及ぼしたいなら、友好的な関係を築くことである。具体的にはどういった方法があるのだろうか。一定の条件下での調査によれば、友好関係を築くうえで役に立つ要素はいくつもあるが、とりわけ「共通点をアピールすること」と「相手を称賛すること」の二点が大きな意味を持っているという。人間誰しも、共通点を多く持った相手に惹かれ合うものである。一九六八年に*Journal of Personality*（『パーソナリティ』誌）に掲載された記事によれば、政治観や社会観が似通っていることを知ると、人と人との心理的距離は縮まるという。また、*American Behavioral Scientists*（『アメリカの行動科学者』誌）に一九六三年に掲載された記事によれば、保険のセールス担当者と顧客が年齢、宗教、政治、さらには好みのタバコなどの点で似ている場合、成約率が高い傾向があるという。基礎となったのは、著者F・B・エバンスが保険会社から入手した人口統計学に基づいたデータである。

企業のマネジャーも相手との共通点を引き合いに出せば、入社してまもない部下、他部門のトップ、新しい上司などとの絆を強めることができるだろう。仕事の合間に雑談をすれば、共通点（趣味、応援しているバスケットボールチーム、テレビドラマ『となりのシャインフェルド』の再放送を楽しみにしていることなど）を見つける格好の機会となる。大切なのは、早い時期に絆を築くことである。そうすれば、以後のあらゆる局面で好意や信頼を生み出すことができる。説得しなければならない相手がこちらに好意を持ってくれていれば、プロジェクトへの支持を取り付けるのも難しいことではない。

他方の「称賛」は、相手の心を魅了する、警戒心を解く、といった役割を果たす。称賛の中身は必ずしも事実を反映していなくてもよい。ノースカロライナ大学の研究者グループは、*Journal of Experimental Social Psychology*（『実験に基づく社会心理学』誌）に「人々は、自分に惜しみない称賛を寄せてくれる相手に非常に強い好感を持つ。たとえその称賛の内容が真実ではないとしても」と書いている。

また、エレン・バーシャイドとエレーヌ・ハトフィールド・ウォルスターは*Interpersonal Attraction*（〈好感〉Addison-Wesley, 1978）で実験データを示しながら、資質、態度、業績などをほめると相手から好意、ひいてはこちらの望みをかなえようとする気持ちまで引き出せると述べている。

相手を称賛するという原則をうまく活かせば、実り多い人間関係を築けるだけでなく、ギクシャクした関係、非生産的な関係を修復することもできるだろう。自分が大きな事業部を率いていると想定していただきたい。業務を遂行するためには、虫の好かない相手——名前を仮に「ダン」としておこう——としばしばコミュニケーションを取らなければならない。だが、こちらがどれほど骨を折っても、ダンは満足しないようである。それどころか、たとえこちらが最善を尽くしてもけっしてそれを認めようとしない。そうしたダンの態度、こちらの能力を明らかに見くびり善意をまったく信じていない点に憤慨して、あなたは彼とのコミュニケーションに十分な時間を費やしていない。その結果、ダンの事業部もあなたの事業部も業績を悪化させている。

称賛に関する調査をひもとくと、このこじれた関係をどのようにして修復すればよいかが見えてくる。見つけるのに苦労するかもしれないが、ダンにも心から尊敬すべき点が必ずあるはずである。部下への気遣い、家族への思いやり、あるいは仕事上の倫理……何らかの美点を探し出して、次にダンに会った時にほめてみてはどうだろう。その際には、あなたとダンの価値観に重なる部分がある点を強調するとよい。おそらく、ダンはあなたへの否定的な気持ちを和らげ、能力や善意を示すきっかけを与えてくれるだろう。

【原則2】心遣いを怠らない

――人々は親切な行為を受けると、それに応えようとする

◆具体的ヒント

自分がしてもらうと嬉しいことを相手にもする

こちらがほめるとダンの心が温まり、態度が柔らかくなる。なぜだろうか。たとえ偏屈であっても、ダンも人間だから、こちらの態度次第で自分の態度を変えるのである。同僚から微笑まれて同じように微笑みを返した経験があれば、あなたもこの原則の意味することがわかるだろう。

慈善団体も、助け合いの精神に訴えて寄付を集めている。米国傷痍退役軍人会などは何年も前から、「寄付のお願い」の文面を工夫することで、送付先の一八%から寄付を得ていた。ところがある年、小さなプレゼントを同封してみたところ、寄付率は実に三五%――それまでの二倍近く――に跳ね上がったという。プレゼントは住所用シールという極めて簡素なものであったが、受け手にとって重要なのは中身ではなく、プレゼントをもらったという事実なのである。

同じことはビジネスの世界にも当てはまる。部品製造企業などのサプライヤーは、クリスマスになると顧客企業の調達部門にプレゼント攻勢をかける。言うまでもないが、目的は単に季節のあいさつをす

ることではない。一九九六年の*Inc.*（『インク』誌）のインタビューによると、企業の購買マネジャーは、サプライヤーから贈答品を受け取った後には、予定外の製品であっても購入したいと考えるようになるという。

プレゼントは、顧客のリテンション（維持）にも大きな影響を及ぼす。筆者はかつて、自著を読んでくれた人々に、「どのようにすれば他人に影響を及ぼすことができるか、その原則を知っていたら教えてほしい」と頼んだことがある。オレゴン州の職員だというある読者は、なぜ自分が上司に尽くそうという気持ちを持っているか、その理由をしたためてくれた。

上司は、毎年忘れずに誕生日プレゼントをくれます。そのうえ、クリスマスには息子の分までプレゼントを用意してくれるのです。

現在の部署では私に昇進の可能性はなく、昇進を望むのであれば他の部門に移るしかありません。ですが、異動を希望しようという気持ちにはどうしてもなれません。上司がまもなく定年になりますから、異動の希望を出すのはその後にするつもりです。……上司がそれはよくしてくれるものですから、彼がいる間はこの部署を離れたくないのです。

プレゼントを贈るというのは、心遣いを示す素朴な手法である。原則2をよりスマートに実践すると、「先行者利益（最初に市場に参入した者が有利）」の法則通り、必ずや相手から前向きな姿勢を引き出し、実り多い人間関係を築ける。こちらから率先して相手に心遣いを示すことによって、同僚や部下から望ましい行動を引き出せるのだ。信頼感、協力の精神、好ましい態度……何にせよ、部下に何かを望むのであれば、まずはみずから実践することである。

情報の共有や経営資源の配分などに苦慮している場合にも、同じことがいえる。切迫したスケジュールの中、同僚が人手不足に悩んでいるとしよう。部下にその仕事を手伝わせれば、困った時に相手から助けを得られる可能性は大きくアップするだろう。謝意を伝えられた時に次のように答えておけば、なおのことである。

「いいえ、とんでもない。私も困ることがあると思いますから、お互い様です」

【原則3】前例を示す

――人々は自分と似ている相手に従う

◆具体的ヒント

共通する知人の前例を引き合いに出す

人間は社会的動物であるから、考え方、感じ方、行動の仕方に周囲からの影響を強く受ける。誰もが直感的に知っているこの事実は、実験によっても証明されている。その先駆けともなった実験――一九八二年に *Journal of Applied Psychology*（『応用心理学』誌）に掲載された――を紹介したい。場所はサウスカロライナ州コロンビア、内容は一般の家庭を訪問して寄付を募るというものである。協力を呼びかける際には、すでに寄付をしてくれた人々のリストを見せるのだが、そのリストが長ければ長いほど、相手から「イエス」の答えを引き出しやすいことがわかった。

寄付を求められた人にしてみると、すでに友人や隣人の名前が載っているリストは、みずからの行動指針となる。この「友人や隣人」という点が重要で、リストに載っているのが知らない人々ばかりであれば、指針として大きな効果は期待できない。一九六〇年代に *Journal of Personality and Social Psychology*（『人格と社会心理学』誌）に、次のような事例が紹介されたことがある。ニューヨーク市で、街行く人々に「財布を拾ったら、持ち主に返してもらえませんか」と頼んでみた。その際に「以前にも他のニューヨーカーが力を貸してくれました」と伝えると、協力を得られる可能性が高くなるという。ところが「以前にも外国人が力を貸してくれました」と伝えても、相手の心を動かすことはできなかったのだそうである。

これら二つの実験からわかるのは、部下に何かを説得したいのであれば、他のチームメンバーの前例を引き合いに出すとよいという点である。セールス担当者の大多数がすでに心得ている事実は、科学も証明している――クチコミは、多くの共通点を持った顧客の間で威力を発揮する。この教訓は、たとえば新しい施策の意義を部下に訴えたい時にも役に立つ。仮にあなたが部内の業務プロセスを合理化したいと考えているが、ベテラン社員たちからの抵抗に遭っているとしよう。このような場合、あなた自身がその施策のメリットを説くよりも、賛成してくれているベテラン社員にみんなの前で意見を述べてもらうことを勧めたい。同僚からの太鼓判は他のベテラン社員たちの納得を引き出すだろう。上司のあなたがコメントを付け加える必要はないはずである。ここでポイントをまとめておこう。影響力は上から下へよりも、横方向に強く働くものである。

【原則4】言質を取る

——人々ははっきりと約束したことは守る

◆具体的ヒント

周囲にわかるように自発的に約束させる

相手から好意を引き出すのは、有効な戦略である。とはいえ、説得に際しては自分の人間性、考え方、製品などに単に好意を持ってもらうだけでは十分でなく、自分がしてほしいことをしてくれるという約束や言質（コミットメント）を引き出さなければならない。恩を施すのも相手に〝貸し〟をつくる一つの方法だが、もう一つの方法は、相手から公にコミットメントを引き出すことだろう。

筆者の研究によれば、人々はひとたび何かに賛成を表明すると、その立場を守り続けようとする。このことは他の調査でさらに補強されている。つまり一見したところ何でもないような小さなコミットメントですら、後の行動を大きく縛るのだ。

一九八三年の *Personality and Social Psychology Bulletin*（『パーソナリティと社会心理学紀要』）に、

イスラエルの研究者がこう書いている。ある大規模なアパートで全戸の半数に、老人や身体障害者向けにレクリエーション施設をつくるための署名を求めた。善意に根差した請願で、大きなコミットメントを求められているわけでもないことから、ほとんどの人が署名をしてくれた。その二週間後、「身障者の日」に今度は全戸に寄付を求めてみた。すると、初めて訪れた先では半数が応じてくれた。ところが、先に署名をした人々は実に九二%が寄付をしてくれた。明確に、公に、また自主的にコミットメントをしたため、それを守る義務を感じていたのである。この「明確に」「公に」「自主的に」という三点は独立に見ていく必要があるだろう。

人間は明確に意思表示をすると——声高に宣言したり文書に残したりすると——、その内容に沿って行動する可能性が高くなる、という実証的事実がある。一九九六年の *Personality and Social Psychology Bulletin* にデリア・チョッフィとランディ・ガーナーが以下のように記している。公立学校に向けてエイズ予防の啓蒙活動を企画した時のことである。学生ボランティアのあるグループでは、「公立学校のエイズ啓蒙活動へ参加します」との書面を全員に寄せてもらった。もう一方のグループには、「参加したくない」との意思表示をしなかった学生ばかりを集めた。数日後、ボランティアを招集してみると、全体の七四%が参加を書面で約束したグループの学生で占められていた。

マネジャーの方々、どうすれば望み通りの行動を部下に取らせることができるか、もうおわかりだろう。そう、部下たちに文書でコミットメントを示させればよいのである。たとえば、リポート提出時期を厳守するように命じたい場合、部下が同意したら、その旨を文書で提出させるとよい。そうすれば、約束が守られる可能性は大幅にアップする。人々は、文書で約束したことは守ろうとするものである。

コミットメントの社会的性格についての研究によれば、文書を多くの人々に公表すると、その内容が守られる可能性はいっそう高まるという。この点に関しては古典的な実験がある。一九五五年に *Journal of Abnormal and Social Psychology*（『異常心理と社会心理』誌）に掲載されたものがそれである。この実験では、大学生を対象に、画面上に映し出された線の長さを推測するように求めている。第一のグループには、答えを紙に記入して署名のうえ提出するように求めた。第二のグループにはボードに答えを記入して、その後すぐに消すようにと指示した。そして第三のグループには、答えを心の中にしまっておくように指示した。

次に主催者は、根拠を示しながら、「あなたたちの答えは間違っている可能性がある」と各グループに伝えた。答えを公表していない第三のグループの学生たちは、間違いなく考え直した。ボードに答えを記入し、すぐに消した学生たちは、最初の答えにこだわった。しかし、最初の答えを変えようとしない傾向は、署名をした第一のグループに非常に強かった。

この実験が浮き彫りにしているのは、私たちには他人の前で首尾一貫した行動、ないしは姿勢を示したいという気持ちがあるという点である。部下にリポートの提出期限を守らせる件に話を戻すと、「一度示した意思や態度は変えたくない」という気持ちをうまく利用するのがよい。ひとたび相手に「期限を守るのは大切なことである」と納得させたら、そのことを周囲に知らせて、約束を守るように仕向けるとよい。本人にこんなメールを送るのも一案である。「とても大切な約束をしてくれたので、製造担当のダイアンや出荷担当のフィルにも見せました。二人とも『素晴らしい！』とコメントしていました」。

約束に正統性を持たせるためにはさまざまな方法があるだろうが、いずれにしても、新年の誓いのように誰もがすぐに忘れてしまうようなものではいけない。内容を公表し、多くの人々の目に触れさせるようにしなければならない。

いまから三〇〇年以上も前に、サミュエル・バトラー(英国の詩人)が、自発的に約束されたものでなければ、長続きしないし、効果もないことを簡潔に述べている。「無理に約束をさせられた人は、自分の意思を捨てていない」誰かから強制されたのでは、コミットメントとは呼べない。歓迎されざる重荷である。もしあなたが上司から、政治家の選挙運動への寄付を求められたらどうだろうか。投票所でその候補者に投票する可能性が高くなるとは考えにくい。事実、シャロン・ブレームとジャック・W・ブレームは一九八一年刊行の*Psychological Reactance*(〈心理的反作用〉Academic Press)で「寄付を強制した上司への怒りから、逆の行動に出るおそれが強い」として、根拠となるデータを紹介している。

このような反動は、職場でも起きる可能性がある。リポート提出期限に遅れる部下の事例に再び戻りたい。部下の行動パターンを永久に変えたいのであれば、脅したりプレッシャーをかけたりするやり方は賢明ではない。そんなことをすれば、相手は自分からコミットメントしたのではなく、強制されてやむなく従ったと考えるだろう。できれば、部下が何に価値を置いているかを探り出して(仕事のスキルやチームワークなど何でもよい)、リポートを期限内に提出することがその価値と相通じることを説明するとよい。そうすれば、相手にとって、改善への動機付けとなるだろう。自分自身で必要性を認識すれば、相手はあなたが目を光らせていなくても目標へ向けて努力を続けるはずである。

【原則5】権威を示す

――人々は専門家に従う

◆具体的ヒント
自分の専門性や専門知識を周囲に示すこと
「当然知っているだろう」と考えるのは早計である

いまから二〇〇〇年前に古代ローマの詩人ベルギリウスが、「どうすれば正しい判断を下せるでしょう」と相談した人々に対して、「専門家の意見に従うように」といった趣旨のことを述べている。これが適切なアドバイスであるかどうかはさておき、人々がこの教え通りの行動を取っているのは間違いない。現に高名な専門家の意見がメディアで紹介されると、驚くほど大きな反響が生まれる。

一九九三年に *Public Opinion Quarterly*（『パブリック・オピニオン』誌）に掲載された研究によれば、『ニューヨーク・タイムズ』に専門家の意見が載ると、世論調査ではそれと同じ回答をする者の比率が二％ほど増えるという。一九八七年の *American Political Science Review*（『アメリカン・ポリティカル・サイエンス・レビュー』誌）には、全国放送で専門家が意見を述べると、世論調査の結果を四％動かすとある。皮肉な見方をする人々は、世間がいかに付和雷同しやすいかがわかるだけだ、と考えるかもしれない。

だが、別の解釈をすべきではないだろうか。複雑このうえない現代社会では、信頼できる専門家の意見は価値が大きく、それに従うと効率的に正しい判断に到達できる。実際のところ、法律、金融、医療、テクノロジーといった問題の中には専門知識がなければ判断できないものがある。専門家に頼る以外に問題を解決する方法があるだろうか。

このように専門家が重んじられるのには、それ相応の理由がある。したがって企業のマネジャーたちは、十分な専門性を身につけてから周囲に影響力を及ぼすように注意すべきである。ところがあきれたことに、「自分は高い専門性を持っていると評価されている」と誤解している事例が散見される。筆者が同僚とともに、ある病院にコンサルティングを行っていた時にも、こんなことがあった。理学療法士が、心臓発作で入院していた患者が退院と同時にリハビリをやめてしまうケースがあまりに多いと嘆いていた。自宅で定期的にリハビリをすることの必要性を何度説いても、馬耳東風なのだという（リハビリは身体機能の回復に欠かせないのだが……）。

そこで一部の患者にインタビューを試みたところ、理由が判明した。患者は医師の経歴や研修受講歴は知っているが、理学療法士についてはどういった資格を持っているのかをほとんど知らなかったのである。この情報不足を解消するのは難しいことではなかった。理学療法の責任者に依頼して、療法室の壁にスタッフの受けた賞状、卒業証明書、資格証明書などを貼り出すようにしたのである。その結果、リハビリの実施率が実に三四％もアップし、以後その水準で保たれている。

筆者は、この結果そのものだけでなく、そこに至るプロセスに大きな価値を見出している。患者を騙したり脅したりするのではなく、情報を提供することによって、好ましい方向へ誘導することができた。つくり話をすることも、多大な時間や資源を費やすこともなく済んだ。理学療法士は真の専門性を持っている。筆者たちはただ、その事実に光を当てただけである。

ところが、企業のマネジャーが周囲に専門性を納得させるのは、それほど容易なことではない。卒業証明書を壁に貼り出しただけでは、注意を引き付けることができないため、少しばかり知恵を働かせる必要がある。米国以外の国々では、初対面の相手とビジネスをする際には、まず互いを知るための場を設けるのが習慣となっている。会議や交渉の前日にディナーをともにすることも少なくない。

こうした社交を通して話し合いをスムーズに進める下地をつくり、立場の違いを埋めることができる（好意を示したり、相手と自分の共通点を明らかにしたりすることの重要性も思い出していただきたい）。専門性をアピールすることもできるだろう。翌日のミーティングテーマと同じような問題をうまく解決した実績を、披露してもよい。あるいは、複雑な専門を何年もかけて究めたことを話してもよい――ただし、さも自慢げにではなく、あくまでも相手とのやりとりの中に自然に織り交ぜるのである。

もとより、時間的な制約からこうした場を設けられない場合もあるだろう。しかし、たいていの会議では最初にあいさつくらいは交わすはずである。さりげなく自分の経歴やこれまでの経験などに触れるチャンスが、必ずあるだろう。自分のことを相手に知ってもらえば、早い段階で専門性をアピールでき、ビジネスの本題に入った時にこちらの主張を尊重してもらえる。

【原則6】稀少性を巧みに利用する

――人々は自分にないものを求める

◆具体的ヒント

自分だけの強みや独自の情報をうまくPRする

数々の研究が示しているように、手に入りにくいものほど大きな価値がある。この事実は、マネジャーにとってこのうえなく役に立つはずである。限られた時間、限られた資源、ユニークなチャンスなどについて、この「稀少性の原則」をうまく活かしてみるとよい。「ボスは明日から長期休暇だ。例の件を報告しておかなくてもいいのか」――こう同僚に耳打ちするだけで、仕事を大きく前に進めることができる。

流通業のPR戦略も参考になる。流通分野では、「製品を買うことによるメリット」よりもむしろ「買わないことによるデメリット」を顧客に訴えている企業が多い。このようなPR戦略がいかに大きな効果を持っているかは、カリフォルニア州のマイホームオーナーを対象に一九八八年に行われた調査が実証している（この調査についてはJournal of Applied Psychologyに詳しい）。対象者の半数には「自宅に十分な保険をかければ、毎日Xドルを節約できる」とアドバイスし、残りの半数には「保険をかけずにいると、毎日Xドルを失うことになる」と警告した。すると、保険契約率は後者のグループのほうがはるかに高かった。同じ現象はビジネスの世界でもよく見られる。*Organizational Behavior and Human Decision Process*（『組織行動と意思決定プロセス』誌）で紹介されている一九九四年の調査によれば、経営者は「利益を手にする可能性」よりも、「損失を出すおそれ」をはるかに強く意識して意思決定を下しているという。

もう一つ心得ておくとよいのは、一般に入手できるデータよりも、公にされていない情報のほうが大きな説得力を持つという点である。かつて筆者の指導で博士課程に在籍していたアムラム・クニシンスキーは、一九八二年に「牛肉の卸売業者による購買決定」をテーマに博士論文を書いている。その論文によれば、「天候の影響で、まもなく輸入牛肉が手に入りにくくなる」という情報をもたらしたら、卸売業者は通常の二倍以上の肉を購入したという。ところが、「この情報はほかには誰も知らない」と付け加えると、購入量は何と六〇〇％も増えたそうである。

一般には知られていなくて、なおかつこれから推進しようとしているアイデアや施策にとってプラスの情報を持っていさえすれば、誰でも稀少性の原則を活かすことができる。そのような情報を手に入れたら、組織内のキーパーソンに集まってもらうとよい。たとえ、みんなを色めき立たせるような情報ではなくても、「ほかでは得られない」というだけで途端に輝きを放つようになる。そこで、こう語りかけてみてはどうだろう。「今日手元に届いたばかりのリポートです。配布するのは来週になってからですが、この場にいる皆さんにだけは先にお見せしましょう」。全員が、身を乗り出してくるはずである。

さて、言わずもがなの点をあえて強調しておきたい。〝耳よりの情報〟に偽りがあったり、「いますぐに動かなければチャンスを逃す」といった脅しがハッタリであったりすることは許されない。道徳的に問題があるばかりか、目的を達するうえで大きなマイナスとなる。嘘や偽りはいずれ必ず気づかれる。そうなれば、情熱が失われ、猜疑心だけが残ることになる。原則2の「心遣いを怠らない」を思い出していただきたい。

説得の効果をより高めるために

これまでに紹介してきた六原則は、難解さや曖昧さとは無縁で、「人はいかに情報を受け取り判断を下すのか」といった点について、直感的に知っていることをまとめただけである。このため、心理学を学んだことのない人であってもすぐに理解できる。ただし念のため、これまでセミナーやワークショップを行ってきた経験から、二つのポイントを述べておきたい。

第一に、六つの原則とその具体的ヒントは個々に説明したほうがわかりやすいのだが、実践するに当たっては組み合わせて用いるべきである。そのほうが高い効果を期待できる。たとえば、「権威を示す」という原則については、インフォーマルな付き合いや会話を通して相手から信頼や敬意を引き出すべきだと述べたが、こうした会話の際には、実は情報を伝えるだけでなく聞き出すこともできる。ディナーの席上で自分が十分なスキルや専門性を持っている点をアピールしつつ、相手の経歴や趣味などを探ってみてはどうだろう。自分との共通点を見出せるかもしれないし、相手を心から尊敬することにつながるかもしれない。権威を示すと同時に良好な関係を築くことができれば、説得力は倍増するだろう。そのうえ、相手から同意を得られれば、その影響で他の人々の支持をも取り付けられるだろう。

第二に、倫理が重んじられることを重ねて述べておきたい。誤った情報による誘導は倫理的に認められないだけでなく、効果の面でもマイナスである。たとえ偽りや脅しが効いたとしても、ごく短期間のことで、最終的には、ひずみのほうが大きくなる。とりわけ、強い信頼や緊密な協力が欠かせない組織では、致命的となるだろう。

この点を鮮やかに示すエピソードがある。紹介してくれたのは、筆者のワークショップに参加した、ある大手繊維メーカーの部門長である。彼女によれば、その会社のバイスプレジデントは権謀術数を駆使して、各部門のトップから無理にコミットメントを引き出すのだという。提案内容を十分に検討・議論するだけの時間を与えてくれればよいのだが、最も忙しい時間を見計らったようにやってきて、うんざりするほど微に入り細にわたって説明する。そして最後にこう迫るのである。

「ぜひ協力してほしい。当てにしていていいだろうね」

言われたほうは怯えと疲れから、とにかくこのバイスプレジデントが去ってくれることを願うようになる。このため、例外なく「イエス」と答えてしまう。ところが自発的にコミットメントを示したわけではないため、部門長たちにはどこまでも力を尽くそうといった強い気持ちは起こらない。やがてプロジェクトそのものが頓挫するか立ち消えになる。

ワークショップでこのエピソードが披露されると、居合わせた参加者たちは大きな衝撃を受けた。なかには、自分にも思い当たる節があるのか、顔を真っ青にしている人々もいた。だが、みんなを凍り付かせたのは、語り手の表情であった。バイスプレジデントの思惑が外れたことに話が及んだ時、語り手の表情には、えも言われぬ満足感が漂っていた。

この事例が何よりも雄弁に語っている――権威をいたずらに振りかざして相手の同意を取り付けるのは、倫理に反するのみならず、逆効果ですらある。しかし、この「権威の原則」は、使い方を誤らなければ適切な判断を導くことができる。専門性、純粋な義務感、確かな共通点、真の権威、稀少価値の高い情報、自発的なコミットメント……これらを土台に得られた結論は、すべての当事者に利益をもたらすだろう。全員が恩恵にあずかるようなアプローチが悪いものであるはずがない――そうではないだろうか。もとより、筆者の考え方を強要するつもりはない。だが、賛成される方々は、ここで紹介した原則を活かして相手をうまく説得し、成功例をぜひ知らせていただきたい。

“説得学”の歴史

行動科学の専門家は、何十年にもわたって熱心に実証研究を積み重ねてきた。その恩恵によって私たちは、説得の方法やメカニズムをかつてないほど広く、深く、そして詳しく理解できるようになった。とはいえ、説得の科学に挑んだのは、行動科学者が最初というわけではない。この分野は古代から研究され、素晴らしい成果を上げてきた。だが、多くの英雄が現れる一方で、説得に失敗して散っていった人々も少なくない。

この分野の権威にウィリアム・マグワイアがいる。彼はその著書 *Handbook of Social Psychology,3rd ed.*（『社会心理学ハンドブック〈第三版〉』Oxford University Press, 1985）で、有史以来四〇〇〇年の間に、ヨーロッパでは何度か説得が盛んに研究された時期があるとしている。古い順に挙げると古代アテネのペリクレス時代（注：前四九〇年前後〜前四二九年）、ローマ共和国時代、ルネサンス時代、そして最近の一〇〇年――大々的な広告、プロパガンダ、マスメディアキャンペーンが繰り広げられた時代――である。ルネサンスまでの三つの時代は、体系的な取り組みによって大きな成果が生み出されたにもかかわらず、優れた説得力を持った英雄が殺されたことで、研究が突然途絶えてしまっている。哲学者ソクラテス（注：前四七〇あるいは四六九年〜前三九九年）に代表されるように、あまりに優れた説得術を身につけていたがゆえに不幸な末路をたどった人物たちもいる。

それぞれの時代の為政者たちは、効果的な説得のプロセスが人々に知れわたるのを脅威と見なしていた。自分たちのコントロールの及ばない、まったく新たな権力基盤が生まれるおそれがあったからである。[8] こうした状況の下、過去の為政者たちはためらわずにライバルを抹殺しようとした。ライバルとはすなわち、巧みな弁舌、戦略的な情報活用、そして何より重要な心理的洞察といった力――権力者がけっして独占することのできない力――を使いこなせる人々である。

では、今日ではどうだろう。やはり、「高い説得術を持っていても、権力者から危害を受けることはない」と言い切ってしまうのは性善説に立ちすぎているだろう。ただし、説得術はもはや一握りの秀でた人々、インスピレーションを持った人々だけのものではないため、この道の専門家も少しは安心してよいと思われる。むしろ、権力の座にある人々はほぼ例外なくその地位に固執するために、〝敵〟を排除することよりも、みずから説得力を身につけることに力を入れるだろう。

第 6 章

心の知能指数「EQ」のトレーニング法

心理学者
ダニエル・ゴールマン

“What Makes a Leader”
Harvard Business Review, June 1996.
邦訳「心の知能指数『EQ』のトレーニング法」
『EQを鍛える』ダイヤモンド社、2005年に収録。

ダニエル・ゴールマン
(Daniel Goleman)
心理学者。ニュージャージー州ピスカタウェイにあるラトガーズ大学応用心理学大学院に本拠を置く the Consortium for Research on Emotional Intelligence in Organizationsの共同会長。著書に『EQ こころの知能指数』(講談社、1996 年)、『ビジネス EQ ——感情コンピテンスを仕事に生かす』(東洋経済新報社、2000 年) など。

EQはビジネスマンの必須条件

企業人なら、誰でも一度は次のような話を聞いたことがあるのではないだろうか。

●知性にあふれ、仕事もできる人物が部下を持ったら、マネジャーとして失敗した。
●知性も仕事もそこそこの人物が部下を持ったら、マネジャーとして成功した。

その人物がマネジャーにふさわしい「ライトスタッフ」（適切な資質）を備えているのかどうかを見極めるには、どうすればよいのだろうか。その見極め方は、科学というよりも、むしろアートであると言ってもよいだろう。

したがって、優れたマネジャーたちは、リーダーシップスタイルが一人ひとり違うといえる。たとえば、思慮深い控えめなマネジャーが成功しているかと思うと、自分の主義を頭ごなしに部下に押し付けてうまくいっているマネジャーもいる。しかも、状況が異なると、必要とされるリーダーシップの形が違ってくるのである。合併話を進めている企業には感受性の鋭い交渉役を務められるマネジャーが必要であるし、方針転換を図っている企業には権威あるマネジャーが必要である。

このようにリーダーシップは多岐にわたる。ところが、優れたマネジャーとして評価されている人たちには、ある共通項が存在していることを発見した。すなわち、優れたマネジャーたちは一人残らず、「心の知能指数」(emotional intelligence)と呼ばれる「EQ」が非常に高かったのである。EQ以外のIQ(知能指数)や仕事の技術がリーダーシップに無関係というわけではない。こうした能力はもちろん大切である。ただし、それは「最低限の能力」として重要なのであって、経営幹部への登竜門に立つ時の最低限の必要条件なのである。これに対して、EQは、あらゆるビジネスマン、とりわけマネジャーやリーダーの必須条件であることが、私の調査や最近のいくつかの研究から明らかになった。たとえEQが高くなくても、最高水準の教育を受け、鋭敏で分析力のある知性を発揮し、気の利いたアイデアを次々と出すことはできる。だが、それだけでは偉大なマネジャーにはなれないのである。

私は同僚といっしょに、過去一年間、企業の現場でEQがどのような影響を及ぼしているか調査した。特にEQとマネジャーの高業績との関係に注目した。そしてEQが、仕事にどういう形で表れるかも観察した。では、ある人物のEQが高いかどうか、どうすればわかるのだろう。あるいは自分のEQの水準がどれくらいなのかは、どうすればわかるのだろう。こうした疑問への答えは、EQを構成する次のような因子について見ることで明らかになる(**図表6-1**「職場におけるEQの五つの因子」を参照)。

❶自己認識
❷自己統制
❸モチベーション
❹共感

コンピテンシーモデルでEQを測定する

今日では、大企業の多くが、心理学の専門家を使って「コンピテンシーモデル」（能力モデル）を開発し、導入するようになった。このモデルを応用して幹部候補社員を発見し、研修し、昇進させるのである。心理学者たちは、幹部向けだけでなく、ミドルマネジャー向けのモデルも開発した。私は過去数年間にわたり、ルーセント・テクノロジーズ、ブリティッシュ・エアウェイズ、クレディ・スイスなど、グローバル企業一八八社のコンピテンシーモデルを分析してみた。

この分析の狙いは、企業の中で、個人のどのような能力が高い業績につながったのか、その業績に対して個人の能力がどのくらい貢献したのかを突き止めることにあった。私は、個人の能力を三つのカテゴリーに分類してみた。それは、経理やビジネスプランニングといった純粋な「仕事の技術」、そして分析的推論のような「知的能力」（IQのような能力）、さらに共同作業への適応性や革新を導くといった「EQに当たる能力」の三つである。

コンピテンシーモデルを開発するに際し、心理学者たちは「社内で最も優れたマネジャーが備えている能力は何だろうか」と企業のシニアマネジャーに尋ねた。また、トップクラスの業績を上げている経営幹部と、普通の業績しか上げられない経営幹部とを区別するため、事業部門別の収益性といった客観

図表6-1｜職場におけるEQの5つの因子

	定義	特性
自己認識	●自分の気分、感情、欲動と、これらが他者に与える影響を認識し、理解する能力	●自信がある ●現実的な自己評価ができる ●自分を笑い飛ばすことのできるユーモアがある
自己統制	●破壊的な衝動や気分をコントロールする、あるいは方向転換する能力 ●行動する前に考えるため、慎重に判断をする性向	●信頼できる、一貫性がある ●不確実なことにも対応できる ●変化に対して柔軟
モチベーション（動機付け）	●金銭や地位以上の何かを目的に、仕事をしようとする情熱 ●精力的に粘り強く目標に到達しようとする性向	●強い達成意欲がある ●失敗に直面した時にも楽観的でいられる ●組織にコミットする
共感	●他者の感情の構造を理解する能力 ●他者の感情的な反応を受けて他者に対処する技能	●優れた人材を育て、つなぎとめておける ●異文化に対して配慮がある ●顧客へのサービス精神がある
ソーシャルスキル	●人間関係のマネジメントとネットワーク構築に長けていること ●合意点を見出し、調和を築く能力	●変化をリードできる ●説得力がある ●チームを構築し、引っ張っていける

的なデータを用いている場合もあった。そして、マネジャーたちへのインタビューやテストを徹底的に行い、それぞれの能力について比較した。こうして、非常に優れたマネジャーの資質がリストアップされたのであるが、リストに上がった資質の数は七～一五に及んでいて、そこにはイニシアティブや戦略的ビジョンといった資質も含まれていた。

このデータをすべて分析したところ、私は驚くべきことに気づいたのである。たしかに、知性は高業績の原動力になっていた。とりわけ大局的なビジョンや長期的なビジョンを提示できる能力が重要な役割を果たしていた。ところが、仕事の技術、ＩＱ、ＥＱが高業績に及ぼす影響を比べてみたところ、企業のどの階層でも、ＥＱが他の二倍もの影響力を与えていたのである。

さらに私の分析によれば、その企業での序列が高いほどＥＱが重要な役割を果たしており、仕事の巧拙はさほど重要ではなかった。言い換えると、経営幹部の場合、地位が高くなるほど、ＥＱが優れたリーダーシップを決定付けていたのである。優れたリーダー能力を備えた人と、平均なリーダー能力しかない人を比較してみると、能力差の九割近くはＥＱによるものだった。他の研究でも、ＥＱの高さは、優れたマネジャーを見分ける条件だけでなく、並外れた高業績の要因になっていることがわかっている。

心理学や組織行動学の権威として名高い、ハーバード大学教授の故デイビッド・マクレランドの研究は、その好例である。ある世界規模の食品・飲料メーカーを対象にマクレランドが行った一九九六年の調査で、ＥＱが一定レベルを超えて高い水準に達している経営幹部が担当する事業部門の年間利益は、目標を二〇％も上回っていることを発見した。一方、ＥＱが一定の水準に達していないマネジャーが率いる事業部門の利益は、目標をほぼ二〇％下回っていた。興味深いことに、マクレランドの発見は、この会社の米国の事業部門だけでなく、アジアやヨーロッパの事業部門にも共通していたのである。

こうしてマクレランドは、企業の成功とマネジャーのEQの高さが連動していることを証明してみせた。そして重要なのは、やり方次第ではEQを向上させることができることである（**章末**「EQは学習によって習得できるのか」を参照）。

【EQの第1の因子】自己認識

数千年前、ギリシャのデルフィで「汝自身《なんじ》を知れ」という神託が人類に告げられたが、EQの因子で第一に重要なのもまた「自己認識」である。自己認識とは、自分の感情、長所、短所、欲求、衝動を深く理解することである。自分をよく知っている人は、必要以上に深刻になることもなければ、楽観的になりすぎることもない。そのような人は自分自身にも正直であるし、他人にも正直である。

おのれをよく知ることに優れた人は、自分の情緒が、自分自身や他人や自分の仕事の成果にどう影響するかをよく知っている。たとえば、自分は時間に余裕がないと、よい仕事ができない性格であると知っていれば、あらかじめ綿密な計画を立てるだろうし、締め切りの前に余裕をもって仕事を終えることもできるだろう。また、要求が厳しい顧客と上手に付き合うこともできるだろう。なぜなら、そのような顧客が自分の情緒にどのような影響を及ぼすのかを自覚できるだけでなく、自分をイライラさせていた根本的な原因についても理解できるからである。「顧客のくだらない要求に応えていたせいで、大事な仕事に手が回らなくなってしまった」と冷静に分析し、自分の怒りや不満を建設的な方向へ持っていけるのである。

自己認識は、自分の価値観や人生の目標について深い理解をもたらす。たとえば、給料が魅力的な転職話を持ちかけられても、その仕事が自分の主義や主張、長期的な目標に合っていなければ、迷わずその話を断ることができるだろう。ところが、自己認識に欠ける人は、自分が本当は何を大事にしているのかに目を向けず、揺れる心に引きずられ、判断ミスを犯しがちである。「給料がよさそうだからやってみよう」と思って就職しても、二年もすれば「こんな退屈な仕事をやっていても無意味だ」と後悔するはめになるだろう。自己認識ができる人の決定は、その人の価値観とうまくかみ合っている。だから自分をよく知る人は、仕事が活力の源だと考えることができるのである。

自己認識ができているかどうかを知るには、どうすればよいだろうか。第一に、自己認識は、率直さ、そして自分自身の現実を正しく評価する能力として表れる。自己認識に優れた人は、感情をむき出しにしたり、愚痴めいたことをこぼしたりすることなく、自分の本心と、その自分の本心が仕事に及ぼす影響を正しく率直に表現できるのである。私の知り合いのあるマネジャーは、自分が勤める大手デパートチェーンが導入しようとしていた買い物相談サービスに引っかかるものを感じていた。彼女は、自分のチームや上司から意見を求められたわけではなかったが、自発的に自分の気持ちを次のように打ち明けた。「私は今回の新しい顧客サービスを応援できそうにありません。このプロジェクトを担当したかったのに、私は選ばれませんでした。気持ちの整理がつくまで少し時間をください」。彼女はその後、自分の本心とじっくり向き合った結果、一週間後にはプロジェクトを全面的に応援しようという気持ちになっていた。

採用面接の時、応募者に「感情に流されて後悔した経験はあったか」と尋ねてみるとよいだろう。自己認識力が優れている人は率直に失敗の経験を口にするし、笑顔で失敗談を披露することさえ珍しくない。自己認識がもたらす証拠の一つは、自分を笑い飛ばせるユーモアのセンスなのである。

自己認識ができているかどうかは、査定の時にも明らかになる。自己認識がしっかりしている人は、自分の限界や長所を理解しており、そのことを気軽に話せるだけでなく、むしろ自分のことを批判してほしいと希望することもある。反対に、自己認識に欠ける人は、改善を求められても、それを単なる叱責と勘違いして受け止めたり、失敗者の烙印を押されたと勝手に思い込んだりしてしまうこともあるだろう。

自己認識ができているかどうかは、その人の自信からも判断できる。自分の能力を正確に把握している人は、与えられた仕事を途中で投げ出したり、やり過ごしたりするといった過ちを犯すことはない。また、場合によっては、他人に助けを求めなければいけないことをわきまえており、あらかじめリスクを承知しているものである。自分の力だけでは不可能な仕事を求めたりせず、自分の長所を活かして仕事に向き合う。

あるマネジャーが、経営陣が集まる戦略会議に同席した時に、どのような行動に出たのかを見てみよう。彼女は、この会議の出席者の中で最も下の地位にあったが、そのことに気圧されたり、恐れを感じたりすることなく、またただ黙って話を聞いているだけでもなかった。彼女は、自分には明快な論理を組み立てる頭脳があり、賛同を得られるだけのアイデアを提案する能力があることを知っていたので、的を射た戦略を提案した。と同時に、自分が不慣れな領域に立ち入らないという自己認識もできていた。

自己認識に優れた人材を登用することは有益である。しかし私の調査では、多くのシニアマネジャーは、次代を担う幹部候補を探すに当たって、この自己認識力に十分な価値を認めていないようである。たいていの場合、気持ちを率直に表現することを「軟弱さ」と取り違え、自分の欠点や弱点を認める社員を正当に評価せず、むしろ「マネジャーに必要なタフネスに欠けている」と決め付けがちである。

ところが、実際はその逆である。人々は通常、率直さに敬意を払う。マネジャーは、自分自身と他人の能力を公正に評価する判断力がたえず求められている。たとえば、「自社はライバルを買収するうえで必要な経営ノウハウを持っているだろうか」「半年以内に新製品を発売することは可能だろうか」といったことを判断する力である。自分を正直に評価できる人、つまり自己認識力が高い人こそ、組織を正しく評価するのにふさわしいのである。

[EQの第2の因子] 自己統制

感情が我々を突き動かすのは生物学的な衝動である。この衝動を消し去ることはできないが、コントロールすることは可能である。心の中の会話というべき「自己統制」もEQの因子の一つである。これは我々を感情の虜になることから救ってくれる因子である。おのれの本心と対話できる人は、もちろんほかの人と同じように不機嫌になったり、情緒的な衝動に駆られたりするが、それをコントロールする術を心得ているし、それをうまく利用する方法を見つけることができる。

ある企業の取締役会で、お粗末というしかない分析結果が出されたとしよう。これを聞いた経営陣は開いた口がふさがらない。重苦しい雰囲気が漂い始める中、ＣＥＯは怒ってテーブルを叩くか、椅子を蹴ってひっくり返したくなるかもしれない。それとも無言で出席者全員をにらみつけ、部屋から立ち去るかもしれない。

しかし、自己統制力が備わっていれば、別の行動を取ることも可能である。たとえば、すぐ結論を出さず、注意深く言葉を選びながら、部下のお粗末な報告を認める発言をすることができるはずである。そして、取締役会が終わり、気分が落ち着いた後、何が原因だったのか、あれこれ考えることだろう。たとえば「この報告は自分への不満の表れなのか、それとも部下たちの努力が足りなかったのか」「何か打つ手はあるのか」「自分にも責任の一端があるのではないか」等々――。このように自問自答した後、部下たちを呼び、お粗末な分析が会社経営にどのような累が及ぶのかを説明し、自分の感じたことを話し、さらに、自分がどう分析したかを示し、熟考したうえでの解決策を提案するだろう。

なぜ、自己統制力が重要なのだろうか。第一に、自分の感情や衝動をコントロールできる人、すなわち分別のある人は、周囲の人たちと信頼関係を築くことができる。そのような環境では、策略や内輪もめが大幅に減り、生産性が高まるだろう。そういう組織には有能な人材が集まり、そう簡単に会社を辞めたりもしないだろう。自己統制には、周囲の人たちをよい方向に感化する作用もある。上司がいつも冷静な姿勢を示していると、部下たちも「君は感情に流される人間だ」と思われかねない言動を慎むようになる。同じく、上司が不機嫌な態度を見せたりしなければ、組織全体も不機嫌な気分に支配されなくなる。

第二に、自己統制は企業の競争力にも重要である。誰もが感じているように、企業が今日置かれている環境は変化が激しく、先行きが不透明である。産業界では、ひっきりなしに合併と分裂が繰り返されている。技術革新は仕事や働き方を目まぐるしいスピードで変化させている。しかし、自分の感情をコントロールする術の持ち主は、急激な変化に直面しても、遅れることなくついていくことができる。新しい改革案が発表されてもパニックに陥ることなく、結論に飛び付く前に情報を集め、そして上層部が改革案の内容を説明するのに耳を傾けることができる。そして改革の進展とともに、自分自身も前進していけるのである。

自己統制力に優れた人は、新しい道を切り開くことさえ可能である。ある大手メーカーのマネジャーとその同僚たちは、五年間、あるコンピュータソフトを使ってデータの収集や報告をしたり、戦略を提案したりしていた。ある日、新しいソフトを導入するため、情報収集とその分析方法が大幅に変わると発表された。多くの社員は、新しいソフトの導入が大混乱を招くという理由で反対したが、会社はソフトの変更がもたらす利点を説明するだけで、業績改善に必ず役立つと信じているようだった。なかには新しいソフトのトレーニングへの参加を拒否する同僚もいた。だが、このマネジャーは熱心に新しいソフトの研修を受け、やがて複数の部門の責任者に昇進した。その理由の一つは、彼女が新しい技術に適応できたからだった。

リーダーシップを発揮するうえで自己統制の力がどれだけ大切か、いくら強調しても強調し足りないくらいである。自己統制は個人の美徳を高める。ひいては会社組織の清廉潔白さを高めることにもつながる。企業の中で発生する不正の多くは衝動的な行動によるものである。最初から計画的に会社の利益を水増ししたり、コストを不正に操作したり、会社の金を横領したり、権力を自分個人のために乱用したりするというケースはめったにない。衝動をコントロールできない人が、ふとしたきっかけで過ちを犯すのである。

これと対照的に、ある大手食品メーカーの経営幹部は、これまで生真面目ともいえるやり方で各地域の販売代理店との交渉に当たっていた。彼が自社のコスト構造を詳細に公表していたため、販売代理店もその卸値が妥当であることを承知していた。こうした方法ならば、販売代理店に法外な価格を吹っかけることはできないはずである。だが、この経営幹部にも、自社の製造コストを伏せて、利ざやを増やしたい誘惑に駆られたことがあった。しかし、彼はその衝動をぐっと抑えた。誘惑を抑えることが、長い目で見れば、より有益だと考えたからだった。このように彼が感情を自己統制したことで、会社は代理店と永続的な強い関係を維持できるという利益を得たのである。これは短期的な収益拡大よりも非常に有意義だろう。

ただし、一ついえることだが、感情の自己統制、すなわち思慮深さという資質、曖昧さを判断する力、変化への適応性、悪しき衝動に「ノー」と答える清廉潔白さは、えてして見落とされがちなのである。

そして自己統制もまた自己認識と同様、正当に評価されにくいのである。自分の感情を自制できる人は煮え切らない性格の持ち主だと思われがちである。考え抜いたうえで答えを出す人物は、情熱が欠如している人物だと受け取られてしまうかもしれない。半面、激しい気性がマネジャーの「伝統」だと思われることもあるだろう。感情を爆発させることがカリスマ性や力強さの表れだと受け取られるのである。しかし、このタイプがトップの座に着くと、その衝動的な行動のせいで足元をすくわれやすいのも事実である。ちなみに私の調査では、負の感情を極端にさらけ出した人が優れたマネジャーになれたというケースは、ただの一つも見当たらなかった。

[EQの第3の因子]モチベーション

優れたマネジャーの群像に共通点が一つあるとしたら、それは「モチベーション」(動機付け)である。優れたマネジャーは、自分自身と周囲が期待する以上の成果を上げることを動機にして行動している。ここでのキーワードは「達成感」である。多くの人が、巨額な報酬、名誉ある役職、一流企業に勤めていることへの社会的評価などの「外的要因」を動機にしている。ところがリーダーシップに優れた人は、達成感を得るために何かをしたいという欲求が強い動機になっているのである。

幹部候補社員を探す時、報酬や名誉のような俗っぽい見返りではなく、内面的な達成感を動機にして生きている人物をどのように見つければよいのだろう。第一の手がかりは、仕事そのものへの情熱である。達成感を動機に仕事をする人は、創造力を必要とするテーマを求める傾向にある。学ぶことが好きで、仕事をうまくやり遂げることに大きな誇りを感じる人である。また、仕事をもっとうまくやり遂げることに限りないエネルギーを注ぐ人である。そのようなエネルギーを持つ人は、現状に甘んじることをよしとしない。最高の仕事をするための方法をとことん追求する。

ある化粧品会社のマネジャーは、現場の販売担当から営業結果の報告が届くまで二週間も待たされることにいら立ちを感じていた。このマネジャーは、自動電話呼び出しシステムを使えば、毎日定刻に販売員一人ひとりを呼び出せることを知った。そこで、このシステムを使って、毎日午後五時に自動的に販売員を呼び出し、その日の営業件数と販売件数を報告させることにした。その結果、販売報告が届く時間は、週単位から時間単位に短縮されたのである。

この化粧品会社のエピソードから見えてくることは、達成感を大事にする人たちに共通する二つのことである。それは、業績の達成目標をたえず引き上げていること、そして結果を記録するのが好きなことだった。まず業績の達成目標について考えてみよう。業績査定の時、やる気のある社員は上司に「もっと高い目標を与えてほしい」と願っているのではないだろうか。当然であるが、自己認識ができていて自己達成を行動の動機にしている人は、自分の限界を認識できるだろうが、かといって簡単に達成できる目標では満足しないだろう。

より高い業績を上げることに意欲を燃やす人たちが、自分自身とチームと会社の実績がどれくらいなのかを知りたがるのは当然のことである。達成感を求める意欲が低い人は、結果をなおざりにしがちである。これに対して達成感を求める意欲が高い人たちの多くは、収益性や市場シェアのような現実的なデータを追跡し、記録に残しているのである。私の知り合いのファンドマネジャーは、一日の仕事の始まりと終わりにインターネットに接続し、自分が運用するファンドがどのくらいの実績を上げているか、業界で使われている四種類の基準と比べている。

面白いことに、意欲の高い人は実績が思わしくない時でも楽観的な態度を保っている。そのような場合、自己統制のメカニズムが働いて、挫折や失敗によって感じる欲求不満や気分の落ち込みを克服しているのである。某大手投資銀行のポートフォリオマネジャーの例を見てみよう。彼女が担当するファンドは、数年続けて好業績を収めたあと、３四半期連続して運用業績が急落したため、顧客の大手機関投資家三社が資金を別のファンドに移した。

この投資銀行内では、どうしようもない経済情勢が業績の急落の原因だと考える人がいただろうし、彼女個人の失敗が原因だと考える人もいただろう。しかし彼女はというと、この事態は、自分には運用業績を好転させる能力があることを証明する絶好の機会だと考えたのである。その二年後、彼女は会社の最高幹部の一人に昇進した。当時の経験を振り返って彼女はこう語っている。「あの苦境は私にとって最高の出来事でした。そこから多くのことを学んだのですから」

社員の達成意欲がどのくらい高いのかについて、一人ひとり見極めようとするうえで役に立つもう一つの因子は、組織へのコミットメントである。仕事そのものに愛着を感じる社員は、仕事を与えてくれる組織に対して帰属意識が強く、組織に貢献しようとする傾向がある。そういった社員は、札束をちらつかせるヘッドハンターが近寄ってきても、いま働いている組織に留まる場合が多いだろう。

自分に高い業績目標を課す人がマネジャーになった時、組織にも同じことをする。目標を越えようとする意欲と、高い業績を上げたことを記録したくなる気持ちは周囲に広まっていく。このため、このタイプの経営者は、同じような性格を持つマネジャーを集めてチームを構築することができるのである。

当然のことであるが、楽天的な性格と組織へのコミットメントはリーダーシップに欠かせない要素である。こうしたコミットメントに欠ける人がマネジャーになることを想像してみれば、すぐわかることだろう。

【EQの第4の因子】共感

EQの因子の中で、「共感」は最も簡単に認識できる因子である。誰でも、神経細やかな教師や友人に共感を示してもらったり、冷酷なコーチや上司に共感のなさを感じたりした経験があるはずである。しかしビジネスの世界では、共感は、報われるどころか、ほめられることすら少ないだろう。共感という言葉そのものにビジネスの印象がないうえ、熾烈な競争市場という現実の前には場違いにさえ響く。

しかし共感は「あなたはオーケー、私もオーケー」のような安っぽい言葉とは違うものである。マネジャーにとって共感とは、他人の感情を黙って受け入れることでも、あらゆる人たちを喜ばせようとすることでもない。そんなことをしたらマネジャーは身動きが取れなくなって悪夢のような状態になる。共感とは、合理的な決定を下す際に部下や社員の気持ちを思いやることなのである。

共感はどのように働くのだろう。大手証券会社二社が合併することになり、両社の全部門で人員が余剰になったケースを例に取ってみる。ある部門のマネジャーが部下を集め、合併に伴って近く解雇される人数を強調しながら陰気に人員整理について説明した。しかし別の部門を担当するマネジャーは、自分自身も不安を感じていることを率直に認め、部下たちにどんな情報も隠さず伝えることと、全員を公平に扱うことを約束した。
二人のマネジャーの違いは共感の有無である。前者は自分の将来にばかり気を取られ、不安におののく仲間たちの気持ちに共感しようと努めなかった。後者は、部下の感情を直感的に感じ取り、言葉に出して部下の不安に理解を示した。前者の場合、多くの部下が士気を失い、最も有能な人材が会社を辞めていった。しかし後者のマネジャーはその後も強力なマネジャーであり続け、彼の部門では有能な部下が辞めなかったため、合併後も以前通りの生産性を維持した。

共感は、少なくとも次の三つの理由からリーダーシップにとって非常に重要である。

❶チームによる作業の拡大
❷グローバル化の加速
❸有能な人材を社内に確保し続ける必要性の拡大

チームを率いる難しさについて考えてみよう。チームの一員になったことのある人なら、チームとは、さまざまな感情が煮え立つ大鍋に似ていることを知っているはずである。たった二人のチームでも意見を一致させることは簡単ではない。ましてそれ以上の人数になれば、さらに合意に達することは難しくなる。四、五人のチームであっても、派閥や意見の対立がすぐに生じるだろう。チームマネジャーには、メンバー全員が考えていることを鋭く察する能力が必要なのである。

ある大手IT会社のマーケティングマネジャーが、やっかいなチームのマネジャーに就任した。その際、このマネジャーがどう行動したかを見てみよう。このチームは過剰な作業を抱え込んでいたため、仕事がどんどん先送りにされるなどの混乱状態にあった。チーム内の人間関係はピリピリしており、作業手順を見直すくらいでチームをまとめられるとは思えなかった。

そこで、このマネジャーは、いくつかの対策を段階的に実行していくことにした。まずチームのメンバー全員と一対一で話し合い、一人ひとりが何に不満を感じているのか、仲間をどう評価しているのか、自分は無視されていると感じるか、などを時間をかけて聞き出した。次に彼女はメンバーたちに不満を率直に述べることを奨励した。会議ではチームのまとまりに役立つような不満をどんどん言わせた。彼女は共感によってメンバー全員の気持ちを理解したのである。その結果、チーム内で協力関係が改善され、業績も伸び、他の部署から協力を求められるまでになったのである。

マネジャーにとって共感が重要性を増している理由の一つに、企業のグローバル化がある。異文化とのコミュニケーションは間違いや誤解を生みやすいのであるが、共感はその予防策になるのである。他の人に共感を持てる人は、ちょっとしたしぐさに表れる心の機微を敏感に感じ取り、言葉の裏にあるメッセージを聞き取ることができる。それだけでなく、外国の文化や民族性が自分たちとどのように違うか、その違いがどれだけ重要かを深く理解している。

日本企業にプロジェクトを売り込もうとしていた米国のコンサルティング会社のチームを例に取ってみよう。このチームは、米国の企業を相手にプレゼンテーションを行うと、きまって矢のように質問を浴びせられるのが常だったが、今回の相手である日本人顧客は沈黙し続けるだけだった。米国人のメンバーたちは沈黙を拒絶と解釈し、帰り支度をしようとした。しかしチームマネジャーはそれを制止した。彼は日本の文化に精通しているわけではなかった。だが、日本人の顧客の表情やしぐさから、その沈黙は拒絶ではなく、関心がありそうな沈黙であることを感じ取り、熟考中なのではないかと感じたのである。チームマネジャーの勘は当たった。日本人顧客がやっと口を開いたかと思うと、それはコンサルティング契約に合意するという返事だったのである。

今日のような高度に情報化が進んでいる経済においては、共感は優れた人材の確保にことのほか有効である。人材の才能を啓発し、優れた人材を確保し続けるには、マネジャーは常に共感の能力が求められており、いまその重要性がいっそう高まっているのである。なぜなら、優秀な人材が会社を辞めると、会社に蓄積された知識もその人材とともに失われてしまうからである。

ここで関係してくるのがコーチングとメンタリングである。これらは、業績の向上だけでなく、仕事への満足度や退職率の低下にも影響することが繰り返し証明されている。だが、コーチングやメンタリングを最も効果的に機能させるものは、人間関係なのである。優秀なコーチやメンターは、指導する相手の考え方まで理解する。また、どんなフィードバックが効果的かを知っている。業績を改善するよう発破をかけたほうがよい時と、逆に控えたほうがよい時を知っている。相手にモチベーションを持たせるように共感を行動で示すのである。

すでに述べた通り、企業社会では、共感の能力はあまり尊重されていない。マネジャーが全員の気持ちを「察して」ばかりいたら難しい決断など下せないと危惧する人もいるだろう。しかし共感を抱けるマネジャーは、周囲の人間に同情するだけではない。間接的ながら適切なやり方で周囲の人の気持ちを会社の発展に活かしているのである。

【EQの第5の因子】ソーシャルスキル

この論文で取り上げたEQの因子のうち、最初の三つは、いずれも自己管理の能力である。そして先に述べた共感と、これから述べる「ソーシャルスキル」は、いずれも人間関係を管理する能力である。EQの因子としてのソーシャルスキルは、それほど単純なものではない。ソーシャルスキルに優れた人が薄情者であることはめったにないが、ソーシャルスキルとは単に人当たりのよさの問題ではなく、むしろ意図的な人当たりのよさなのである。周囲の人たちに、新しいマーケティング戦略について同意してもらったり、新製品のよさを支持してもらったりするなど、自分の望む方向に人を動かすことなのである。

ソーシャルスキルに優れた人は人脈が広い傾向がある。あらゆるタイプの人たちと見解の一致を見出すコツ、つまりラポール（親和関係）を築くコツを知っている。いつも社交的に行動しているという意味ではなく、重要なことは一人では達成できないものだという前提で仕事をしているのである。このような人は、必要になった時にいつでも使えるネットワークを持っている。

ソーシャルスキルは、EQの因子の中で最も重要な因子であるといえる。自分の感情を理解し、コントロールして他の人の気持ちと共感できれば、非常に効果的によい人間関係を維持できるだろう。またソーシャルスキルは、動機付けによって高めることができる。周囲の人たちを思い出してほしいのだが、達成感を動機に仕事をしている人は、挫折や失敗に直面しても楽天的な態度を保ち続けているはずである。人々が明るい気分でいる時、その明るい輝きは、会話に光を投げかけ、次々に新しい出会いをもたらす。当然だが、そういう人たちは誰からも好かれるだろう。

ソーシャルスキルに優れた人はチーム運営の名人なのだが、そこで機能しているのは共感である。同じように、ソーシャルスキルに長けた人は、説得――自己認識、自己統制、共感の総合的な表れ――の名人である。説得の名人はこれらの能力を備えているので、たとえばどんな場合に情に訴えるべきか、あるいは理性に訴えるべきかがわかるのである。やる気を表面に出すことによって優秀な共同作業者にもなれる。なぜなら、仕事への情熱が他の人たちに伝染し、その人たちを問題解決に向かって突き動かすからなのである。

しかし時にソーシャルスキルはEQの他の因子とは違った形で表れる。たとえば、ソーシャルスキルに優れた人は、勤務時間中なのに働いていないように見えることがある。廊下でおしゃべりをしたり、仕事にあまり関係のない人とふざけたりと、はたから見ればさぼっているように見える。そうした人たちは、交際範囲を広げることがいかに大切かを知っている。今日のような変化の激しい時代には、いま知り合ったばかりの人でも「いつか自分を助けてくれるかもしれない」と考えているのである。だから、人脈づくりに精を出すのである。

グローバルに事業展開する某コンピュータメーカーの経営企画部門のマネジャーだった人を例に挙げよう。この人は一九九三年の段階で、インターネットが会社の将来を左右すると確信していた。そこで、その翌年までに社内で同じ考えの持ち主たちを探し出し、持ち前のソーシャルスキルを発揮して、社内の階層はもちろん、部門や国の枠を超えたバーチャルコミュニティを構築した。このコミュニティは事実上のチームとなり、彼はこれを使って、大手メーカーとしてはいち早くインターネット上にウェブサイトを開設した。次いで、年一回開かれるインターネット業界の一大イベントに社として参加することを発案した。予算や正式な認可が得られない状況だったにもかかわらず、彼はコミュニティに呼びかけ、社内の各部門からカンパを募り、一二部門から五〇人を超える人材を集め、このイベントに送り込んだのである。

これには経営陣も注目した。イベントへの参加から一年もしないうちに同社初のインターネット事業部門が創設され、彼はその責任者に任命された。彼はその間、既存の組織の枠を超えて、社内中の人たちとつながり、その人脈を管理していたのである。

多くの企業がソーシャルスキルをリーダーシップの重要能力の一つと見なしているのだろうか。その答えは、他のEQの因子と比べれば「イエス」である。マネジャーは人間関係を効果的にマネジメントできなくてはならず、マネジャーは孤立した存在であってはならない。このことは、多くの人が直感的に理解している。要するにマネジャーの仕事は、人々の力を借りて仕事をやり遂げることであり、ソーシャルスキルがこれを可能ならしめるのである。共感する力に乏しいマネジャーは、ソーシャルスキルが欠如しているのかもしれない。マネジャーが自分の熱意を周囲に伝えられなければ、そのモチベーションがいかに高くとも、あだ花に終わってしまうことだろう。ソーシャルスキルによって、マネジャーはそのEQを発揮できるのである。

従来のIQや技術的な能力が、強力なリーダーシップに無用だとは考えない。しかし、EQを備えていなければリーダーシップは完成しない。以前は、企業のマネジャーが「EQを備えていることは、悪くない」と考えられていた。だが、いまでは業績向上の観点から、EQは「マネジャーが必ず備えるべきもの」であることは明らかである。

幸いEQは学習できる。ただし簡単ではない。時間と、そして何よりもコミットメントが必要である。しかし、個人であろうと会社組織であろうと、EQを十分に高められたら、その努力に値する恩恵が手に入ることだろう。

＊　＊　＊

EQは学習によって習得できるのか

長年にわたり、マネジャーはマネジャーとして生まれてくるものなのか、それともつくられるものなのか、議論されてきた。心の知能指数「EQ」についても同じ議論が当てはまる。たとえば、共感する能力はある程度は先天的に備わっているのだろうか、それとも経験を積むうちに身につくのだろうか、と。この議論は、どちらも正しいといえるだろう。科学的な調査では、EQにはかなり遺伝的な要因があるとされている。心理学や発達科学の研究では、育児・教育の過程に関係があるとされている。どちらがどの程度の割合で関係するかは、おそらくわからないだろう。しかし、EQの研究や訓練の結果を見ると、EQが学習できることだけは間違いないだろう。

一つ確かなことがある。それは「EQは年齢とともに高まる」ということである。これをまさに言い表しているのが、昔から使われている「成熟」という言葉である。しかし、成熟した大人の中にもEQを高めるトレーニングが必要な人もいる。残念ながら、EQも含めたリーダーシップ育成トレーニングのあまりに多くが、時間とカネの浪費に終わっている。その理由は単純である。脳の正しい部分に的を絞ったトレーニングを行っていないからなのである。

EQの大部分は感情・衝動・情動をつかさどる大脳辺縁系の神経伝達物質で生まれる。大脳辺縁系は、動機付けや長期訓練やフィードバックを通じて最も効果的に学習する。

大脳辺縁系の学習を、分析や技術の能力を司る大脳新皮質の学習と比較してみよう。大脳新皮質は、概念や論理を理解する部位である。マニュアルを読んでコンピュータの使い方や訪問販売の方法を理解するのは、脳のこの部位である。ところが、EQを高めるトレーニングの大半が大脳新皮質を対象にしており、実はこれは間違っているのである。「組織におけるEQに関する研究コンソーシアム」（the Consortium for Research on Emotional Intelligence in Organizations）の研究では、大脳新皮質を対象にしたEQ改善トレーニングは、仕事の業績に「マイナス」の影響さえ与えることがわかっている。EQを高めるには、企業はトレーニングの内容を改め、大脳辺縁系も対象に含めなければならない。社員が古い行動習慣を壊して新しい習慣をつくるのを助けてやらなければならない。しかしこれを実行するには多くの時間がかかるだけでなく、社員一人ひとりに合わせたトレーニングプログラムが必要になる。

周囲の人に対する共感度が低いと同僚から思われている経営幹部がいるとしよう。彼女の欠点は、他人の話を聞こうとしないことだった。彼女は他の人が言おうとしていることに注意を集中できず、すぐに他人の話をさえぎるのである。これを直すには、まず変わろうとする意欲が彼女自身になくてはならない。次に訓練と社内のフィードバックが必要である。彼女が人の話をよく聞いていないとわかったら、同僚かコーチがそっと合図を送るのである。すると、彼女は相手の話を最初から聞き直さなければならない。つまり人の話を理解する能力を発揮させるようにするのである。

また、人の話によく耳を傾ける幹部を観察してそれを真似るよう指導してもよいだろう。このような習慣は、粘り強い練習によって身につく。金融サービス業の経営幹部で、もっと他人に共感を持ちたい、相手の反応を読み取り、その考えを理解したいと願う人物がいた。彼がその努力を始めるまで、彼の部下は彼と一緒に仕事をすることに恐怖を感じていて、悪いニュースを彼の耳に入れないようにしたりしていた。この事実を知った経営幹部はショックを受けた。仕事から帰った彼が家族にその話をすると、家族からも部下と同じことを言われた。家族も、彼と意見が衝突することに恐怖を感じていたのである。

この経営幹部は、コーチの助けを得てEQ改善トレーニングを受け始めた。その第一歩は言葉の通じない外国で休暇を取ることだった。その間、馴染みのないことにどう反応するか、自分とは違う人に寛大に接することができるかについて自分自身を観察した。その結果、休暇中の体験は彼を謙虚にさせたのである。休暇から戻ったその経営幹部は、コーチに一週間に何回か付き添ってもらい、新しい考え方や異なる考え方を持つ部下に自分がどう対処しているかを見てほしいと頼んだ。その一方、職場での人間関係を利用して、自分とは異なる意見に「耳を傾ける」練習をした。さらに会議中の自分の姿をビデオに録画させ、同僚や部下に、自分が他の人の感情を認めたり理解したりしているかどうかを指摘してもらった。数カ月後、この経営幹部のEQは飛躍的に高まり、彼の業績も上がった。

ＥＱの改善は、みずから真剣にそれを望み、同時に周囲の協力を得なければならない。そうでなければ不可能なのである。短期間のセミナーもハウツー本も役に立たない。共感の学習、すなわち他人への自然な反応である共感の習得は、難解な回帰分析の名人になるよりはるかに難しいのである。米国の詩人ラルフ・ウォルド・エマーソンは「熱意がなければ、偉大なことなど何も成し遂げられない」と述べた。真のマネジャーになることが目標なら、この言葉はＥＱを高めるための道しるべとなるだろう。

第**7**章

「自分らしさ」が仇になる時

INSEAD 教授
ハーミニア・イバーラ

"The Authenticity Paradox"
Harvard Business Review, January-February 2015
邦訳「『自分らしさ』が仇になる時」
『DIAMONDハーバード・ビジネス・レビュー』2016年2月号

ハーミニア・イバーラ
(Herminia Ibarra)
INSEAD コラ記念講座リーダーシップ・アンド・ラーニング教授。組織行動論も担当。著書に『世界のエグゼクティブが学ぶ 誰もがリーダーになれる特別授業』(翔泳社、2015 年)がある。

リーダーとしての成長を阻む要因

「オーセンティシティ」（自分らしさ）は、いまやリーダーシップの鉄則となっている。しかし、その意味について安直な理解に留まっていれば、成長が妨げられ、影響力も限定されかねない。

一例として、ヘルスケア関連組織のゼネラルマネジャーであるシンシアを挙げよう。昇進して現職に就いた段階で、彼女の直属の部下は一〇倍に増え、統括業務の範囲も広がった。大きなステップアップを果たして少し気後れしてしまった彼女は、透明性と協調性を重視するリーダーシップという自分の信条に基づいて、新しい部下たちに胸の内をさらけ出した。「私はこの職務を果たしたいと考えていますが、身もすくむ思いです。皆さんのお力添えをお願いいたします」。率直なこの発言は裏目に出た。自信に満ちたリーダーの就任を望み、必要としていた部下たちの信頼を、つかみ損なってしまったのである。

別の例を挙げよう。マレーシア出身のジョージは自動車部品会社の経営幹部である。同社では、明確な指示系統が重視され、総意の下に意思決定が下されていた。しかし、彼の会社はオランダに本拠を置き、マトリックス組織である多国籍企業に買収された。ジョージは、同僚たちが自由闊達に意見を戦わせて、最も優れたアイデアを出すことが意思決定だと考えている中で、一緒に働くことになった。

ジョージにとって、そうしたスタイルは容易に身につくものではなく、生まれ育った母国で教わってきた謙虚さとは相容れないものだった。三六〇度評価で上司から「自分のアイデアや実績をもっと積極的に売り込むように」とフィードバックされたが、彼には、役立たずになるか、自分を偽るかの二者択一を迫られているように思えたのである。

持って生まれた性質に反した行動を取ると、人は詐欺師になったように感じてしまう。このため、居心地のよいやり方にしがみつく言い訳として、オーセンティシティに拘泥しがちだ。しかし、長い間そうしていられる職はそうそうない。シンシアやジョージをはじめとして、多くの経営幹部が気づいたように、昇進したり周囲の要求や期待が変わったりすればなおさらである。

リーダーシップの移行を研究する中で筆者が気づいたのは、昇進すれば誰もが例外なく、居心地のよい場所（コンフォートゾーン）からから大きく離れなければならないことである。しかし同時に、自分のアイデンティティを守りたいという相反する強い衝動にも駆られる。新しい環境で成果を上げたり、期待に応えたりできるだろうかと、自分自身や自分の力に不安を覚えると、我々はすでに身につけた行動やスタイルに逃げ込みがちになる。

しかし筆者の研究では、自己認識が最も試される場面こそが、リーダーシップを巧みに発揮する方法を学べる絶好の機会だということも明らかになっている。自分自身を発展途上と見なし、試行錯誤しながらプロフェッショナルとしてのアイデンティティを進化させれば、自分にしっくり合い、変わり続ける組織のニーズにも適したスタイルを確立することができる。

それには勇気が必要だ。なぜなら学習はそもそも、不自然でともすれば浅薄になりがちな行動から始まるが、それは誠実で自然体であるというよりも打算的なように思えるからだ。しかし、一つの職務や職責に固定される状況を回避し、最終的によりよいリーダーになるには、オーセンティシティという頑なな自意識が避けてきたことをやってみるほかはない。

リーダーが直面する三つの状況

「オーセンティック」という言葉は元来、贋作ではないオリジナルの芸術作品を指していた。リーダーシップについて述べる際には当然ながら別の意味を持ち、それが時として誤解を招いてしまう。たとえば、「本当の自己」を貫くという考え方は、人は経験を通じて進化し、内省するだけではけっして掘り起こせない自分自身の多面性を発見していくという、数多くの研究と矛盾する。また、透明性の徹底、すなわち、考えや感情を逐一明らかにすることは、非現実的であり危険でもある（**章末**「オーセンティシティとは何か」を参照）。

リーダーたちが今日、オーセンティシティをめぐって四苦八苦しているのにはいくつかの理由がある。まず、我々は取り組む仕事の種類を、より頻繁にかつ大きく変えるようになった。何とか実績を上げようと努力している時には、明快で確かな自己認識が羅針盤となり、選択肢を選びゴールに向かって前進する助けとなる。しかし、ちょうどシンシアが最初につまずいたように、仕事を変えようとしている時には、硬直した自己概念が錨《いかり》と化して航海の妨げとなってしまう。

第二に、グローバルビジネスでは多くの場合、文化的規範を異にし、どのように振る舞うべきかに関する期待も違う人々と一緒に働くことになる。期待に応えて力を発揮することと、自分らしさを感じることの間で二者択一を迫られているように思うことが多い。ジョージがその典型である。

第三に、誰でも時間や場所を問わずインターネットに接続でき、ソーシャルメディアが普及している今日の世の中では、アイデンティティが常に公開されている。経営幹部としてだけでなく、少し変わった一面や幅広い関心事を持った人間として、どのように自分自身を表現するかが、リーダーシップの重要な要素となってきた。人物像を入念に練って管理し、誰の目にもわかるようにすれば、個人としての自己認識と対立する可能性がある。

筆者は、新たな期待に応えようとしている優れた経営幹部との面談を数多く実施する中で、リーダーが最も頻繁にオーセンティシティに対処する状況は、以下のような場合であることを突き止めた。

馴染みの薄い職務に就く

周知の通り、新しいリーダーシップの職務に就いてから最初の九〇日が肝要である。すぐに第一印象が形成され、それが重要な意味を持つ。注目度と業績への圧力の高まりにリーダーがどう対応するかは、それぞれの人となりによって大きく異なる。

ミネソタ大学の心理学者のマーク・スナイダーは、リーダーがいかに自分なりのスタイルを身につけていくかについて、二つの心理学的分析結果を得た。まず、「高セルフモニター」（筆者はこれを「カメレオン人間」と呼んでいる）は自分を偽っていると思うことなく、自然にその状況で要求されていることに対応でき、積極的にそうしようとする。また、自分の対外的イメージの管理を気にかけ、自分の弱さを虚勢で覆い隠すことが多い。最初からうまくできるわけではないが、自分自身や周囲の状況にぴったり合うスタイルが見つかるまで、新しい洋服をとっかえひっかえするようにさまざまなスタイルを試し続ける。こうした柔軟性を備えているため、カメレオン人間は往々にして昇進が早い。その一方で、本来のカメレオン気質を発揮しているにもかかわらず、人々から不誠実である、あるいは、モラルの軸を欠いていると見なされて、問題に直面することがある。

これに対して「自分らしさ重視人間」(スナイダーが言うところの「低セルフモニター」)は、たとえ周囲に求められていることに反していても、自分の本音と心情をありのままに表現する傾向がある。シンシアやジョージのような自分らしさ重視人間は、見識や経験を蓄積しながら自分のスタイルを進化させるよりも、あまりにも長く、心地よい行動を貫くがために、新たな要求に応えられないという危うさを秘めている。

シンシアはこうして身動きが取れなくなった(筆者が彼女にインタビューしたのは、キャロル・ハイモウィッツが彼女に関する記事を『ウォール・ストリート・ジャーナル』紙で発表した後のことだ)。彼女は非常に自分らしい、すべてを開示するマネジメントスタイルを貫くことは、みずからの成功を後押しするものだと考えていた。やや当惑していることを包み隠さず認め、新しいチームに支援を求めた。その事業で精通していなかった側面を急いで学習しながら、あらゆる意思決定に貢献し、あらゆる問題を解決しようと骨身を惜しまずに尽力したのである。数カ月後、彼女は燃え尽きる寸前だった。しかも、当初から部下に弱みをさらけ出したために立場が悪くなっていた。シンシアは数年後に就任当時を振り返って、「自分らしくありさえすれば、自分の本当の姿を見せられているわけでも、人々がこちらの考えをすべて見抜いてくれるわけでもありません」と述べている。しかし当時は、わかってもらえると考え、信頼を築く代わりに、職務を遂行する能力があるのかという疑問を部下に抱かせてしまったのだ。

このような場合、しかるべく権限を委譲しコミュニケーションを取っても問題の一部にしか対処できない。もっと根深い問題は、馴染みの薄い状況下で距離感と親近感の絶妙な組み合わせを見つけることにある。スタンフォード大学教授で心理学者のデボラ・グルーエンフェルドはこれを、威信を示すことと親しみやすさの間のバランスをうまく制御することだと述べている。威信を示すことは、部下の知識、経験、専門性よりも自分の持ち合わせているものを重んじ、ある程度の距離感を保つことである。親しみやすさは、人間関係や部下の意見、考え方を重視し、共感や温かみで束ねることだ。自分らしさ重視人間にはたいてい、ある種の言動に対して強いこだわりがある。そのため、うまくバランスを取ろうとするとオーセンティシティの深刻な危機に直面する。シンシアは近づきやすく無防備にしすぎたために立場を弱め、疲弊してしまった。より責任の重い職務では、部下の信頼を勝ち得て仕事をこなすには、部下との間にもっと距離が必要だったのだ。

自分のアイデア（と自分自身）を売り込む

リーダーとして成長するには通常、優れたアイデアを考案することから、幅広い利害関係者にアイデアを売り込むことへと軸足を移さなければならない。経験の浅いリーダー、特に自分らしさ重視人間は、支持を取り付けるプロセスが作為的で政治的な駆け引きであると感じ、嫌悪しがちだ。彼らは、自分の仕事はそれ自体の価値に立脚すべきだと考えているのである。

一例を挙げよう。運送会社のシニアマネジャーであるアンは、担当部署で売上げを倍増させ、部署の中核プロセスを刷新した。しかし、彼女は明確な実績を出しているにもかかわらず、上司から向上心のあるリーダーとは認められなかった。アン自身も、兼任している親会社の取締役として、コミュニケーションをうまく取っていないことを自覚していた。大局的に物を考える会長は、彼女が細部にこだわることに、いら立ちを見せることも少なくなかった。会長は「ステップアップして、ビジョンに関係ある仕事に力を入れなさい」と彼女に言ったが、アンにとってそれは実質よりも形式を重んじることのように思えた。彼女はインタビューでこう答えている。「私にとって、それは人を操る行為です。私にもストーリーを語ることはできますが、人の心情につけ込むのはお断りです。あまりあからさまに糸を引くようなことを、私がするわけにはいかないのです」

意欲的な多くのリーダーと同様、彼女は人に影響を及ぼし意欲をかき立てるために心情に訴えるメッセージを用いることを拒んだ。事実や数字、表計算に基づいたやり方と比べて、自分にとってそれは偽りのように思えたからだ。その結果、事実を強調しすぎて会長とすれ違いが生じ、得がたい協力者として味方につけることはできなかった。

多くのマネジャーは心の奥底では、自分自身をもっとうまく売り込まなければ、優れたアイデアにも大きなポテンシャルにも気づいてもらえないことを自覚している。それでも、なかなか売り込む気にはなれないのだ。あるマネジャーは筆者にこう語った。「私はコネクションではなく、プロフェッショナリズムと自分が会社に貢献できる部分に基づいて、ネットワークを築こうとしています。キャリア的には得策でないでしょうが、自分の信念は曲げられません。このせいで、私の『ネットワークづくり』はあまり進んでいません」

昇進が単なる自分勝手な欲の追求ではなく、組織内で自分の影響力を強め、その範囲を広げる手段の一つ、すなわち、組織全体の成功であると認識できるまでは、我々は影響力のある人物に自身の強みをアピールすることを自分らしいとは思えないものだ。特に最も自分を売り込まなければならない時、つまり自分の力をまだ証明する実績がない時に、自分らしさ重視人間は上級幹部に自分を売り込むのが難しいと感じる。しかし、経験を積み、自分自身がもたらす価値に対して確信を深めていくにつれ、こうした及び腰は消え去ることが研究で明らかになっている。

否定的なフィードバックに対処する

成功している多くの経営幹部がキャリア上で初めて、深刻な否定的フィードバックを受けるのは、重職に就いたり重責を担ったりした時である。特に目新しい批判内容ではなかったとしても、以前より重い責務を担っているので、より大きな壁となる。しかし、リーダーは多くの場合、「持ち前の」スタイルで支障を来している部分は、力を発揮するうえでやむをえない代償だと自分に言い聞かせるのだ。

食品会社の製造担当マネジャーであるジェイコブを例に挙げよう。彼は三六〇度評価でＥＱ（心の知能指数）、チームビルディング、権限委譲において、直属の部下から低い評価を受けた。あるチームメンバーは、ジェイコブが批判を受け入れようとしないと指摘した。ジェイコブは烈火のごとく怒ったかと思えば、何事もなかったように急に冗談を飛ばすことがあり、彼の気まぐれに周囲が振り回されている状況に、彼自身が気づいていないと言うメンバーもいた。部下との間で信頼を築いてきたと心から信じていた当人にとっては、いずれも素直に受け入れがたい指摘である。

指摘を受けた直後のショックが収まると、ジェイコブはこうした批判を受けるのが初めてではないことを認めた（数年前にも、何人かの同僚や部下から同様の指摘を受けていた）。「私はアプローチを変えたつもりでしたが、前回からそう大きく変わっていなかったのです」と、彼は振り返ったが、すぐさま自分の行動を正当化して上司にこう言った。「結果を出すために、時には手厳しくしなければなりませんが、部下たちはそれを嫌がるものです。その点は職務内容の一部として認めていただきたいと思います」。言うまでもなく、彼は核心を見落としていた。

リーダーに対する否定的なフィードバックはスキルや専門性ではなく、リーダーシップのスタイルに焦点が当たることが多いため、当人は自分のアイデンティティを脅かされていると感じる。あたかも「秘密の情報源」を白状しろとでも迫られたような気分になるのだ。ジェイコブもそのようにとらえた。たしかに彼は怒りっぽいかもしれないが、本人に言わせれば「厳しく」するからこそ毎年、成果を上げられるのだ。しかし実際には、そうした行動を取る彼が昇進できたのは、ここまでだった。職務が広がり、より責任が重くなると、戦略的な仕事に費やすべき時間を、部下を厳しく監視することに取られることが、いっそう大きな足かせとなったのである。

公人でこうした事態に陥った典型例が、マーガレット・サッチャーだ。自分と同じくらい周到に準備していない相手に情け容赦ない態度を取ることは、一緒に働いていた者には公然たる事実だった。人前でスタッフをこき下ろし、聞く耳を持たないことでも有名だった。また、妥協は小心者のすることだと信じていた。「鉄の女」として世界にその名が知られるようになると、サッチャーは自分の考えが正しく、高圧的なやり方が必要であるとますます確信するようになった。持ち前の弁論術と信念の力で誰であろうと屈服させられたし、その手腕はますます冴えわたるばかりだった。しかし最終的にはそれが仇となり、配下の閣僚たちによって首相の座を追われたのである。

遊び心を持って新しいスタイルを試してみる

こうした頑なな自己概念は、過度の内省から生じることがある。答えを求めて内面ばかり見つめていると、知らずしらずのうちに古い世界観や時代遅れの自己認識が強化されていく。新しいリーダーシップスタイルを試みることによって得られる、貴重な外部の視点である「観察力」(outsight)の力を借りなければ、癖になっている思考パターンや行動パターンで身動きできなくなる。リーダーらしく考えられるようになるには、まず行動することだ。すなわち、新しいプロジェクトや活動に飛び込み、まったく異なるタイプの人たちに接し、新しい仕事のやり方を試してみるのである。あれこれ考えたり内省したりするのは、経験した後にすべきであって、過渡期や手探りの時期にすべきではない。行動することによって人となりは変わるし、自分の信じていることはやってみる価値がある。

幸いなことに、観察力を養い「状況に適応しながらも自分らしさを失わない」リーダーシップスタイルへと進化していく方法がある。ただし、そのためには遊び心が必要だ。リーダーシップの育成を、自分の可能性を試すことというよりも、自己研鑽の取り組みだととらえると、正直なところ、つまらない課題のように思える。しかし遊び心を持って臨めば、可能性に対してよりオープンになれる。日によって態度が変わってもかまわない。それは偽っているのではなく、直面している新たな課題や状況において何が適切かを見極めるための実験である。

筆者の研究では、一歩踏み出すために重要な三つの方法が提示されている。

幅広いロールモデルから学ぶ

学習はたいていある種の模倣であり、「オリジナル」なものなどないと理解することが、どうしても必要になる。リーダーとして成長するうえで重要なのは、オーセンティシティを固有の状態ではなく、他者のスタイルや言動から学んだ要素を採り入れ、自分のものにする能力として認識することだ。

その際には、ある一人のリーダーシップスタイルだけを真似するのではなく、多数のロールモデルから幅広く学ぼう。誰かをそっくり真似することと、さまざまな人々から選択的に借用したスタイルを自分なりに組み合わせたうえで手直しをして改良していくことは、大きく違う。劇作家のウィルソン・マイズナーが言うように、一人の作家を真似るのは盗用だが、多数の作家を真似れば、それは研究である。

筆者はある調査で、この手法が重要なことに気づいた。それは、分析やプロジェクト業務から、顧客に助言を提供し新規事業を売り込む職務へとステップアップしつつある、投資銀行家やコンサルタントに対する調査だった。ほとんどの対象者は新しい職務に対して力不足や不安を感じていたが、一部のカメレオン人間は成果を上げている上級リーダーのスタイルや戦術を、意識的に拝借していた。たとえば、会議の際にユーモアで緊張をどう和らげるか、押し付けずにどう意見をまとめるかなどを模倣によって学んでいった。基本的に、自分にとってうまくいく方法が見つかるまで見よう見まねを繰り返した。彼らの努力に気づいた上司は、コーチングやメンタリングを行い、暗黙知を伝授するようになった。

その結果、この調査では、オーセンティシティを持ちつつ巧みなスタイルを格段に早く身につけたのはカメレオン人間だった。かたや自分らしさ重視人間は、ひたすらテクニカルなスキルを披露することに専念し続け、上司については「口ばかりで中身が伴わない」ので模範としてふさわしくないと判断することが多かった。「完璧な」手本もない状況では模倣するのも一苦労であり、うそ臭く感じられた。残念ながら、彼らが適応できないのは、努力や取り組みが不十分のせいだと上司から見なされ、カメレオン人間が得られたほど十分に、メンタリングやコーチングを受けられなかったのである。

上達するために努力する

最初から何もかもうまくやれるはずはないので、（業績目標だけでなく）学習目標を設定すれば、詐欺師になったように感じることもなく、さまざまなアイデンティティを試しやすくなる。変化がもたらす脅威から、従前の快適な自己を守ろうとするのを止めて、どんなタイプのリーダーになれるかを模索し始めるのだ。

言うまでもなく、誰もが新しい状況の中でうまくやりたいと考える。的確な戦略を策定し、脇目も振らずに実行に移し、組織が求める結果を出したいものだ。しかし、こうしたことばかりを重視すると、学習に励むというリスクを取ることを恐れるようになる。人からどう見られるかという懸念が、新しく不慣れな業務を学ぶうえで足かせになることは、スタンフォード大学教授で心理学者のキャロル・ドゥエックが一連の独創的な実験の中で実証している。業績目標は、知性や社会的スキルといった重要な資質を持ち合わせていることを他者に示し、自分自身にも証明したいという欲求をかき立てる。これに対して学習目標は、重要な資質を育むことへの意欲を引き出すのだ。

業績モードの場合、リーダーシップは最も有利な形で自分自身を表現することである。学習モードの場合は、仕事の進め方、リーダーシップの執り方におけるオーセンティシティへの欲求と、同じくらい強い成長への願望とを、うまく調和させることができる。筆者が出会ったあるリーダーは、少人数のグループの中では十分に力を発揮していたが、大人数が参加する会議では、他の出席者の発言によって話が脱線するのではないかと恐れるあまり、長々としたプレゼンテーションを押し通すばかりで、新しいアイデアを歓迎する姿勢を示せずにいた。彼は「パワーポイントを使わない」というルールを自分に課し、肩肘張らない臨機応変なスタイルを養おうとした。これによって、みずからを進化させるという課題ばかりか、目下の業務上の課題に関しても、彼自身が驚くほど多くを学ぶこととなった。

「自分史」に固執しない

重要な教訓を得た決定的瞬間について、ほぼ誰もが個人的なエピソードを持っている。意識しようとしまいと、新しい状況下では、自分のストーリーやそこで描き出される自己イメージが行動の指針となる。しかし成長に伴い、そのストーリーが時代遅れになったりするため、時には大幅に変更することや、完全に放棄して最初からつくり直すことさえも必要になる。

「ひな鳥たちに取り囲まれた母鳥」と自身を見なしていたリーダーのマリアも例外ではなかった。彼女のコーチで、広告会社であるオグルヴィ・アンド・メイザーの元CEOのシャーロット・ビアーズは著書 *I'd Rather Be in Charge*（私はむしろ責任者になりたい）[注] の中で、この自己イメージが形成されたのは、マリアが家族や親戚の世話をするために自分の目標や夢を犠牲にしなければならなかった時だと説明している。このイメージは結局、彼女のキャリアの足かせになり始めた。すなわち、友好的かつ誠実なチームプレーヤーで、仲裁役としての彼女にはよかったが、彼女が目指していた重要なリーダーシップ職を手に入れるうえで役に立たなかったのだ。マリアはコーチとともに、手本として使うための別の決定的瞬間を探し始めた。これまでのマリアではなく、マリアが望む将来像により即した手本である。彼らが選んだのは、若い頃にマリアが家族のもとを離れ、一八カ月間にわたって世界を旅行した時の体験だった。彼女はより大胆な自己認識を持って行動を起こし、以前は夢でしかなかった昇進を願い出て、認められたのである。

ノースウェスタン大学教授で、キャリアを通じてライフストーリーを研究してきた心理学者のダン・マクアダムスは、アイデンティティを「過去、現在、将来の中から人が選び出し、内在化させ、進化させてきたストーリー」だと説明する。これは単なる学術用語ではない。自分のストーリーを信じなくてはならないが、それを使って何をするかという必要性に応じて、ストーリーが次第に変わっていくことを受け入れるべきだと論じている。自分自身の新しいストーリーを試しては、ちょうど履歴書と同じように、たえず手直しをしていこう。

繰り返しになるが、自分のストーリーを書き直すことは、内省的なプロセスであると同時に、社会的なプロセスでもある。選び出すエピソードは自分の経験や抱負を集約しているだけでなく、現在求められていることを反映し、味方につけたい聞き手が共感を呼ぶものでなければならない。

＊　＊　＊

自分が何者であるかを明確にすることから、リーダーシップ・ジャーニーを始めよと指南する書籍やアドバイザーは数え切れない。しかしこのやり方では、過去に囚われて身動きできなくなる可能性がある。あなたのリーダーシップ・アイデンティティは、より重要でより高い質が求められる職務に移行するたびに変更可能であり、また、変更すべきである。

リーダーとして成長する唯一の方法は、自分は何者かという枠を広げていくことだ。新しいことをすれば不安に駆られるが、じかに体験することで、自分がどうなりたいのかということに気づくことができる。完全に別人のように変わらなくても、こうした成長を遂げることは可能だ。振る舞いやコミュニケーション、人との接し方を少し変えるだけで、たいていの場合、リーダーとしての力量に雲泥の差が生じるのである。

オーセンティシティとは何か

これをあまり厳密に定義しすぎると、時として効果的なリーダーシップの足かせになる。例を三つ挙げる。

自己に忠実に

どの自己に忠実になるのだろうか。人生で演じるさまざまな役割に応じて多くの自己がある。新しい役割で経験を積めば成長し、時には自己変革を遂げることすらある。まだ不確実で形成されてもいない将来の自己に対して、どうすれば忠実になれるのだろうか。

自分の気持ちと言動をしっかりと一致させる

考えていることや感じていることを残らずさらけ出せば、リーダーとしての信頼と影響力を失う。特に、実績がない場合はなおさらだ。

自分の価値観に基づいて選択する

より重要な職務に就いてからも、過去の経験に基づいて形成された価値観に従っていれば、方向性を見失うことがある。たとえば、新しい課題に直面しても「業務を細部まで厳しく管理」していれば自分らしいかもしれないが、見当はずれの言動を生むだろう。

企業はなぜオーセンティック・リーダーシップ研修を推奨するのか

職場でもっと自分らしくあるためにどうすべきかについての助言は、数え切れないほどの書籍や記事、経営幹部向けワークショップから得ることができる。

オーセンティシティという概念が急速に人気を博し、研修産業においてブームになっている背景には、二つの流れがある。

第一に、世界的な信頼度調査「エデルマン・トラストバロメーター」によれば、ビジネスリーダーに対する信頼感は二〇一二年に過去最低に低下した。やや持ち直し始めた二〇一三年でさえ、「ビジネスリーダーが真実を語っていると信じる」との回答はわずか一八%に留まり、「企業が正しいことを行っている」と信頼を寄せる回答者は半数を割り込んだ。

第二に、従業員エンゲージメントは最悪の水準に沈

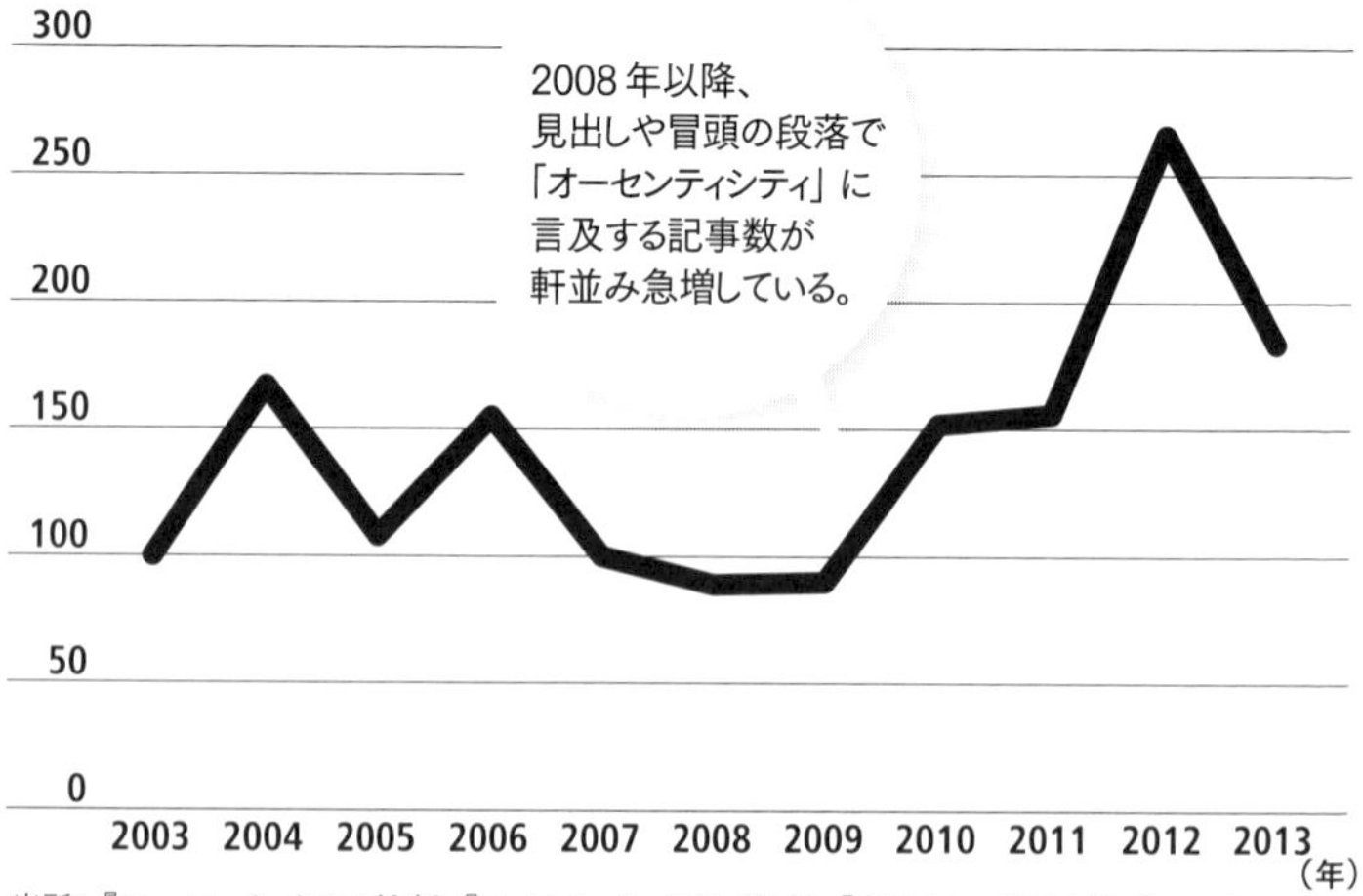

出所:『ニューヨーク・タイムズ』紙、『フィナンシャル・タイムズ』紙、『ワシントン・ポスト』紙、『エコノミスト』誌、『フォーブス』誌、『ウォール・ストリート・ジャーナル』紙、『ハーバード・ビジネス・レビュー』誌

んでいる。二〇一三年のギャラップ調査では、仕事に積極的に取り組んでいると回答した従業員は世界でわずか一三％に留まった。調査を行った約一億八〇〇〇万人の従業員のうち、職務に誠心誠意取り組んでいるとの回答はわずか八人に一人。各種調査で最大の転職理由として挙がったのは、不満や燃え尽き、失望、個人の価値観とのずれだった。

世間一般の信頼と従業員の士気がこれほど低い時期にあって、リーダーに「本当の」自分を見つけるように企業が促すのも無理はない。

オーセンティック・リーダーシップの文化的要素

馴染みの薄い領域を任される、自分のアイデアや自分自身を売り込む、否定的なフィードバックに対処するなど、状況はどうあれ、自分らしく力を発揮する方法を見出すことは、複数の文化が共存する環境ではいっそう難しい。

ＩＮＳＥＡＤの同僚であるエリン・メイヤーが研究で証明したように、人をどう説得するか、どんな議論に説得力を見出すかは、とうてい万国共通とはいえない。それらは個々の文化の哲学的、宗教的、教育的な通念に深く根差している。とはいえ、リーダーのあるべき姿や語るべき言葉に関する処方箋が、リーダー自身の人となりほど多様性に富むことはほとんどない。企業では、異文化理解の醸成やダイバーシティ推進に対する取り組みが行われている。にもかかわらず、現状でリーダーに対して求められているのは依然として、はっきりと意見を述べ、自身の功績を主張し、カリスマ性で人を奮起させ魅了する姿だ。

オーセンティシティは本来、画一的なリーダーシップモデルを打破すると期待されていた（つまるところ、周囲の期待する誰かになろうとするのではなく、自分らしくあれというメッセージだ）。しかし、オーセンティシティの概念が浸透するにつれ、皮肉にも、はるかに幅の狭い、特定の文化に依存した意味を持つようになった。リーダーが教わっているオーセンティシティの見つけ方や表現方法（たとえば、難局をどう乗り越えたかという個人の体験談を語る手法）をじっくり見ると、実のところ、自己開示や謙虚さ、試練を乗り越えた個人的成功に対する理想に根差した非常に米国的なモデルである。

権威やコミュニケーション、組織全体の努力に対する規範が異なる文化出身のマネジャーにとって、これは解決しようのない矛盾に等しい。なぜなら、オーセンティック・リーダーシップの枠に収まるには、自分らしくない言動を取らなければならないからである。

【注】

Charlotte Beers, *I'd Rather Be in Charge: A Legendary Business Leader's Roadmap for Achieving Pride, Power, and Joy at Work,* Vanguard Press, 2011.（未訳）

第8章

上司をマネジメントする

ハーバード・ビジネス・スクール 名誉教授
ジョン J. ガバロ
ハーバード・ビジネス・スクール 名誉教授
ジョン P. コッター

"Managing Your Boss"
Harvard Business Review, January-February 1980.
邦訳「[新訳]上司をマネジメントする」
『DIAMONDハーバード・ビジネス・レビュー』2010年5月号

ジョン J. ガバロ
(John J. Gabarro)
ハーバード・ビジネス・スクールのUPSファウンデーション記念講座名誉教授（本稿執筆時は教授）。専門は組織行動学。共著として *Interpersonal Behavior*, Prentice-Hall, 1978. がある。

ジョン P. コッター
(John P. Kotter)
ハーバード・ビジネス・スクール松下幸之助記念講座名誉教授（本稿執筆時は准教授）。リーダーシップ論の研究者ならびにコンサルタントとして、ゼネラル・エレクトリック等の企業内大学で教鞭を執ってきた。『幸之助論』『リーダーシップ論』（以上ダイヤモンド社、2008年、1999年）、『企業変革力』（日経BP社、2002年）など著書多数。

「ボス・マネジメント」はなおざりにされている

「ボス・マネジメント」という言葉は、多くの人にとって、耳慣れない、あるいはうさんくさいものに聞こえるのではないか。組織では、伝統的に上意下達が重んじられてきたため、なぜ下から上への関係を管理する必要があるのか、その理由は明確ではないからだ。もちろん、個人的な理由や社内政治上の理由でそうするならば話は別である。しかし、政治的な駆け引きやゴマすりのことを申し上げているのではない。むしろ、あなた自身、あなたの上司、そして会社にとって最も望ましい結果となるように、意識して上司と一緒に働くプロセスとして、この言葉を使っている。

我々の研究によれば、できる管理職は、部下との関係だけでなく、上司との関係にも時間と労力を割いている。(注)また、上司とうまくやることは、マネジメントの重要な一部であるにもかかわらず、有能で上昇志向の強い人ですら、これをなおざりにしていることも、これらの研究は示している。実際、部下、製品、市場、技術については積極的で上手に管理しているが、上司にはほとんど受け身になっているマネジャーもいる。このような態度は、必ずと言ってよいほど、本人のみならず会社に悪影響を及ぼす。

上司との関係を管理することの重要性、あるいはそれを上手にやることの難しさにピンと来ないなら、以下で紹介する、悲しくも示唆に富んだ話についてしばし考えていただきたい。

フランク・ギボンズは、業界でも製造の第一人者として知られ、収益の面から見ても優れたビジネスリーダーであった。一九七三年、彼はその能力を買われて、業界第二位、収益性では第一位の企業の製造担当バイスプレジデントになった。しかし、ギボンズは人使いが下手だった。彼自身もそのことを承知していたし、社内や業界でも有名であった。社長も彼のこの弱点を知って、他人と一緒に働くのが得意で、ギボンズが不得手な部分を補える者を部下につけた。これはみごと奏功した。

そして一九七五年、フィリップ・ボネビーは昇進して、ギボンズの部下になった。社長がボネビーを選んだのは、これまでと同じく、人付き合いがうまいという実績と評判があったからである。しかしこの選考に当たって、この社長は、彼はとんとん拍子に昇進してきたとはいえ、部下の管理が苦手な上司の下で働いた経験がないことを見逃していた。ボネビーはいつも「優」ないし「良」の上司と仕事をしていたのである。したがって、気難しい上司とどうにかやっていかなければならないという状況を知らなかった。ボネビーは後に、ボス・マネジメントも仕事の一つであるとは、つゆほどにも考えたことがなかったと認めている。

ギボンズの部下になって一年二カ月後、ボネビーは解雇された。その最後の四半期で、会社は七年ぶりに純損失を計上したのである。当時を知る関係者の多くが、いったい何が起こったのか、よくわからないと語っているが、これだけはわかっている。つまり、会社は社運を賭けた新製品を出そうとしており、営業、技術、製造の各グループがそれぞれの意思決定を慎重に調整しなければならなかったにもかかわらず、数々の誤解や悪意がギボンズとボネビーの間に生じたのだった。

たとえば、ボネビーは「ギボンズさんは、新製品をつくるために新しい機械を使うという私の決定をご存じでしたし、了承もされていました」と主張する。かたやギボンズは「誓ってそんなことはない」

と言う。そして「この製品の発売は、会社にとって短期的にはとても重要であり、大きなリスクは冒せないと、はっきりボネビーに言った」と訴えた。

このような誤解が重なった結果、この計画は頓挫した。新しい工場が建てられたものの、技術部門が設計した新製品を、営業部門が望む数量で、また経営委員会が合意したコストで生産できなかったのである。ギボンズはこの失敗をボネビーのせいにした。また、ボネビーはギボンズを非難した。

言うまでもなく、この問題の原因は、ギボンズに部下を管理する能力が欠如していたことにある。しかし同様に、ボネビーにボス・マネジメントの能力が欠けていたことも関係しているとも説明できる。

指摘しておきたいのは、ギボンズがほかの部下とはいっさいトラブルを起こしていなかった点である。それに、ボネビーが支払った代償――解雇されたうえ、業界内での評判は失墜した――を考えると、ギボンズは部下の管理が下手だからと言ったところで、ほとんど慰めにもならない。そのことはすでにみんなが知っていたことだ。ボネビーがギボンズのことをもっとよく理解し、彼との関係をもっと上手に管理していれば、状況は変わっていたはずである。今回の場合、ボス・マネジメント能力の不足がことのほか高くついた。会社は二〇〇万～五〇〇万ドルを失い、ボネビーのキャリアは、少なくとも一時的に台無しになった。

ここまで高くつかないまでも、どこの大企業でも、同じような事例があるはずである。そして、それが積み重なった時、その影響はとてつもないものになる可能性がある。

上司と部下の関係にまつわる誤解

先のような話は、単なる性格の不一致とあっさり片づけられてしまうことが多い。二人の人間がいれば、時には気持ちや気性の面で一緒に働けないこともあるため、こう説明しておくのが手っ取り早い。しかし我々の研究によると、性格の不一致は問題の一部、時にはごくわずかな一部にすぎないことが多い。

ボネビーは、単にギボンズとは異なる性格の持ち主だっただけでなく、上司と部下の関係そのものについて、非現実的な前提と期待を抱いていた。具体的には、ギボンズとの関係について、過ちを犯しがちな人間同士でも相互に依存し合っていることを認識していなかった。このことがわかっていないと、部下はたいてい、上司との関係を管理するのを嫌がるか、うまく管理できないかのいずれかとなる。

人によっては、上司にそれほど依存していないかのように振る舞う。このような人たちは、上司が仕事を成功させるために、どれくらい部下の助けや協力を必要としているかに無頓着である。このような行動のせいで、上司はひどく傷つく可能性があることも、また部下の協力や期待、実直な態度を求めていることを認めようとしない。

同様に、上司に頼ることなどほとんどないと考えている人もいる。彼ら彼女らは、仕事をうまくこなすには、上司の手助けや情報がいかに必要であるかを軽く見ている。このような浅はかな考え方は、管理職の場合、その仕事や意思決定が他部門にも影響を及ぼすため、とりわけダメージが大きい。ボネビーのケースもそうだった。上司は、部下が他部門と協力したり、その優先課題と会社のニーズをすり合わせたり、部下が成功するために欠かせない経営資源を確保したりするうえで、決定的な役割を果たす存在である。しかし、自分のことは自分で何とかしたい人もいれば、上司からの重要な情報や経営資源など必要ないという人もいる。

ボネビーをはじめ、多くの人が、部下がどのような情報や援助を必要としているのか、上司は魔法を使ったかのように察知し、それを用意してくれると考えている。もちろん、その通りに部下を気遣う素晴らしい上司もいるが、すべての上司にこれを期待するのは危ういくらい非現実的である。せいぜいささやかな援助程度と思っておくのが妥当であろう。上司もしょせん人間である。本当に優秀な人であれば、この事実を受け止め、自分のキャリアや能力開発についてみずから責任を負う。彼ら彼女らは、仕事に必要な情報や援助を上司が提供してくれるのを待つのではなく、みずから探す。

以上を踏まえると、過ちを犯しがちな人間同士が相互依存している状況をうまく管理するには、以下のことが必要と思われる。

- ●相手と自分自身、特にその強みや弱み、ワークスタイル、ニーズをよく理解する。
- ●これらの情報に基づいて、仕事上の健全な関係、すなわち両者のワークスタイルや長所をそれぞれ尊重しながら、それぞれの期待を互いに理解し合い、それぞれが最も重視するニーズに応え合う関係を築き、これをうまく管理する。

そして我々は、できる管理職はこのように上司と協力していることを発見した。

上司を理解する

ボス・マネジメントのためには、自分の状況やニーズと同じく、上司と上司が置かれている環境についても理解しなければならない。誰でもある程度はこうしているが、おざなりであることが多い。最低でも、上司の目標とプレッシャー、強みと弱みを理解しておく必要がある。

●上司の組織上の目標、個人的な目標は何か。
●上司へのプレッシャー、特に彼あるいは彼女の上司や他部門の上位者からのプレッシャーはどのようなものか。
●上司の長所、盲点はどこか。
●どのようなワークスタイルを好むか。
●たとえばリポート、正式な会議、電話などによって、情報を入手しているのか。
●対立を増長させるのか、それとも極力避けたがるのか。

このような情報がなければ、上司に対処するにも当てずっぽうになり、無用な争いや誤解、問題は避けられない。
我々の調査した例を一つ紹介しよう。素晴らしい実績のある名うてのマーケティングマネジャーが、マーケティングと営業にまつわる問題を解決するために、ある企業のバイスプレジデントに迎えられた。この会社は赤字に陥っており、より規模の大きな企業に買収されたばかりだった。社長は立て直しに懸命で、この新任マーケティング担当バイスプレジデントに自由にやらせた。ただし最初のうちだけだったが。

これまでの経験に基づいて、このバイスプレジデントは、市場シェアを高める必要があり、そのために優れた製品管理が欠かせないという的確な診断を下した。これに従い、彼は事業を伸ばすために、プライシングについてさまざまな決定を下した。

しかし、利益率が低下し、なかなか財務面が改善しない中、社長はこの新任バイスプレジデントにだんだん圧力をかけるようになった。このバイスプレジデントは、市場シェアが戻れば、状況はいずれ好転すると考えており、これに抵抗した。

第2四半期になっても利益と利益率は上向かず、業を煮やした社長はすべての価格決定権を握り、数量の多寡にかかわらず、すべての製品価格を一定の利益率が出る水準に設定した。このバイスプレジデントは社長に排斥されたと感じ始め、両者の関係は悪化していった。実のところ、このバイスプレジデントは社長の行動をズレていると見ていた。残念ながら、社長の新しい価格体系でも利益率は改善されず、第4四半期には、社長もこのバイスプレジデントも解任されてしまった。

この新任バイスプレジデントが、マーケティングや営業面の改善は社長の目標の一つにすぎなかったことに気づいた時には後の祭りだった。社長にとっての直近の目標とは、会社の収益性を高めることだった。それも一刻も早く――。

このバイスプレジデントはまた、上司である社長がこの短期的な目標を優先していたのには、ビジネス上の理由だけでなく、個人的な理由もあったことを知らなかった。社長は親会社の中で今回の買収を強力に推し進めた人物であり、したがって彼自身の信用もかかっていたのである。

このバイスプレジデントは、基本的な過ちを三つ犯した。まず言われたことを額面通りに受け取ったこと、次に未知の領域にもかかわらず憶測したこと、そしてこれが最も問題なのだが、上司の目的が何かをすすんで知ろうとしなかったことである。その結果、彼は社長の優先順位や目的と食い違う行動に出てしまった。

上司とうまくやれる人は、このように振る舞ったりしない。次のように行動する。

- ●上司の目標、課題、プレッシャーに関する情報を収集する。
- ●上司やその周囲の人間に尋ね、自分の仮説を検証するチャンスを逃さない。
- ●上司の行動から読み取れるヒントに注意を払う。

これらは、新しい上司と働き始める際に欠かせないことだが、優秀な人はこれを怠らない。上司の優先順位や関心事は変化することを心得ているからである。

特に新しい上司の場合、そのワークスタイルに敏感であることが重要である。たとえば、ざっくばらんで直観型の社長から、まめで形式を重んじる社長に代わったとしよう。この新社長は、報告書を書くのが何より好きで、あらかじめ議題の決まっている正式な会議を好んだ。

ある事業部長がこのニーズに気づき、どのような情報や報告書を、どれくらいの頻度で必要とするのかを探るため、この新社長と一緒に行動してみた。さらに彼は、社長と話し合う時には、事前に背景情報や大まかな議題を送った。このような下準備のかいあって、打ち合わせはうまくいった。しかも、入念に準備しておけば、ざっくばらんで直観型の前任者よりも、この新しい上司のほうがずっとブレーンストーミングが上手であることもわかった。

対照的に、別の事業部長は、この新しい上司のワークスタイルが前任者のそれとどう違うのか、十分理解しようとしなかった。それがわかったらわかったで、それはやりすぎだろうと考えていた。彼は、新社長が必要とするような背景情報を事前に送ることはなく、社長はこの事業部長との打ち合わせでは、準備が足りないと感じていた。事実、打ち合わせの際、事前に知ることができたはずの情報を引き出すことに、社長は時間の多くを費やさなければならなかった。社長はこのような打ち合わせをもどかしく、非効率であると感じており、部下のほうは社長の質問に慌てふためくことがたびたびだった。結局、彼はクビになった。

これら二人の事業部長の違いは、能力の差でも適応力の差でもない。上司のワークスタイル、そして上司のニーズが意味することに敏感かどうかだけである。

自分自身を理解する

上司は、関係の一方にすぎない。あなたは、そのもう片方であり、自分自身は上司よりもみずから管理しやすい存在である。上司と仕事上有意義な関係を築くには、あなた自身のニーズ、強みと弱み、スタイルを知ることが欠かせない。

基本的な人格構造は、自分のそれも上司のそれも変えることはできない。しかし、上司と一緒に仕事をするうえで、自分の中でその妨げ、あるいは助けになっているものは何かを知ることで、この関係をより実りあるものにすることは可能である。

我々が観察した例では、あるマネジャーとその上司の間では、意見が食い違うたびに一悶着あった。この上司は、態度を硬化させ、それをことさら誇張するのが常だった。すると、マネジャーはさらに要求を引き上げ、自分の正当性をいっそうまくし立てた。その際、とにかく上司の前提条件の論理的矛盾をあげつらい、怒りをぶつけた。対する上司は、ますます頑なになって、最初の姿勢を崩さない。予想通り、互いにエスカレートしたことで、部下であるマネジャーは上司ともめそうな話題はできるだけ避けるようになった。

このことについて同僚たちと話す中で、このマネジャーは上司への自分の態度が、自分が誰かに反論された時の反応と同じであることに気づいた。ただし、一点だけ違っていた。彼の態度に同僚たちは圧倒されるのに、上司はそうならなかったのである。この問題について上司とも話し合おうとしたが、うまくいかなかったため、彼は次のように結論付けた。状況を変えるには、自分の反射的な反応を制御するしかない——。議論が暗礁に乗り上げると、彼は自分の短気を抑え、「今日はいったんお開きにしませんか。もう一度考え直したうえで、またお声をかけます」と提案した。こうして、議論を再開した時には、どちらも互いの相違点を理解し、うまく折り合えるようになった。

このレベルの自己認識に達し、それに基づいて行動するのは一筋縄ではいかないが、けっして不可能ではない。たとえば、ある若手マネジャーはこれまでを振り返り、自分以外の人が関係する、やっかいで感情的な問題に対処するのが苦手であることに気づいた。自分はこの種の問題を毛嫌いしており、反射的に対応していて丸く収まらないと悟り、彼はそのような問題が生じた場合には上司に相談する癖をつけた。二人で話すと、自分だけでは思い付かなかったアイデアやアプローチが必ず浮かんできた。多くの場合、上司の支援策も具体的に決められた。

上司と部下の関係は持ちつ持たれつの関係とはいえ、部下のほうが上司に依存していることが多い。それゆえ部下は、自分の行動や選択肢が上司の判断によって制約を受けると、それなりのフラストレーション、時には怒りを感じる。これは当たり前のことで、いかに良好な関係でも起こりうる。このようなフラストレーションにどのように対処するかは、部下の上司への依存傾向によって異なる。

このような状況に直面すると、反射的に上司の権威にムッとして、その決定に逆らう人もいる。度を越えた対立に発展する場合もある。このタイプの人は、制度を利用してじゃまをする敵と見なし、無意識のうちに上司に「戦いのための戦い」を挑むことが多い。制約を課されると、彼ら彼女らは激しく反応し、時には直情的になる。そして、上司のことを、その役割からして、行く手を阻む者であり、避けて通るべき障害、またはせいぜいやりすごすべき障害と見る。

心理学者はこのような反応を「反依存行動」と呼ぶ。反依存型の人は、たいていの上司にとって管理しづらく、上司と緊張した関係にあった経験があるものだが、この手の部下は、上意下達の上司や権威を振りかざした上司とトラブルを起こしやすい。上司に反感を抱いて行動すると(陰険な態度を示すことが多い)、その上司は本当に敵と化すことがある。部下の心に潜む敵意を感じた上司は、部下やその判断を信頼しなくなり、心を閉ざすようになる。

逆説的であるが、このように反依存的な傾向が見られる部下は、自分より下の者にはよき管理職であることが多い。部下へのサポートを得るために奔走し、すすんで部下たちを手助けする。

その対極が、上司がまずい意思決定を下した時にも、ぐっと怒りをこらえ、極めて従順に振る舞う部下である。このタイプの人は、反論が待たれている場合や、上司にさらなる情報を提供すればあっさり翻意しそうな場合でも、上司に追従する。目の前の状況について関わりたくないため、彼ら彼女らの反応は反依存的なマネジャーと同じように偏ったものになる。上司を敵と見なすどころか、自分の憤りを否定し──反依存的マネジャーとは反対である──上司のことを、自分のキャリアに責任を負っており、必要な時にはいつでも自分を導き、上昇志向の強い同僚たちから守ってくれる全知全能の保護者のように考える傾向がある。

反依存型、過剰依存型のいずれも、非現実的な上司観を抱いている。どちらも、上司もほかの人たち同様、不完全で間違いを犯す存在であることを無視している。上司は、無限の時間や百科事典並みの知識、さらには超能力の持ち主ではない。また、悪魔のような敵でもない。上司もプレッシャーや心配事を抱えており、それらは部下が望むところと相容れない場合もあるが、その大半に正当な理由がある。

上司への態度、とりわけこれら両極端の人々のそれを変えるには、集中的に心理療法でも受けさせない限り無理だろう。精神分析の理論と研究によれば、そのような態度や傾向は、人格や幼少期の環境に根差しているという。

しかし、この両極とその幅を知れば、自分はどの辺りなのか、上司との関係において自分の行動にどのような影響が及ぶのかを理解するうえで役に立つだろう。自分には反依存の傾向があると思うなら、どのような反応や過剰反応が出やすいのかを理解しておく、場合によっては予測しておくとよい。逆に、過剰依存の傾向があるならば、何でも従ったり、現実の相違点と向き合えなかったりすることで、あなたと上司の能力がどれくらい損なわれているか、自問してみるとよい。

上司との関係を構築し管理する方法

上司と自分自身について深く理解すれば、双方にふさわしい、しかも双方の生産性と実効性を向上させるやり方で、たいてい一緒に働けるようになるものだ。そのような関係を形づくる要素について、**図表8－1**「ボス・マネジメントのチェックリスト」にまとめてみたが、以下ではそのいくつかについて説明したい。

図表**8-1**｜**ボス・マネジメントのチェックリスト**

上司や上司の置かれた状況を理解するようにする

- □上司の目標や目的
- □上司へのプレッシャー
- □上司の強みや弱み、盲点
- □上司のワークスタイル

あなた自身やあなたのニーズを評価する

- □あなた自身の強みと弱み
- □あなた自身のスタイル
- □あなた自身の上司への依存傾向

以下のような関係を構築・維持する

- □あなたのニーズにもスタイルにも合う。
- □互いに期待し合っている。
- □上司にたえず情報を提供する。
- □信頼と誠実さに支えられている。
- □上司の時間や資源を使い分ける。

ワークスタイルの共存

何にもまして上司と良好な関係を築くことで、ワークスタイルの違いも気にならなくなる。我々が調査した例では、上司が会議中、よく上の空になったり、時には無愛想になったりすることに、部下の一人が気づいた。なお、彼と上司の関係は比較的良好である。この部下は詮索好きで、話があちこちへ飛ぶ傾向があった。実際、背景となる要因、別のアプローチなどを説明するにも、本題から脱線することがしばしばだった。一方の上司は、むしろ最低限の背景情報で問題を検討したいタイプで、部下が目の前の議題から脱線するたびにイライラし、気が散っていた。

スタイルの違いに気づいたこの部下は、この上司が出席する会議では、努めて単純明快に意見を述べるようにした。そのために、大まかな議題を事前に書き出し、これを会議の手引きとした。また、話を脱線させる必要があると感じた時は、その理由を説明した。このように自分のスタイルを少し変えたことで、会議の生産性が高まり、双方のフラストレーションも減った。

上司はどのように情報を受け取るのを好むのか、それに応じて、部下は自分のスタイルを調整できる。ピーター・F・ドラッカーは、上司を「聞くタイプ」と「読むタイプ」に分けている。読んで理解できるように報告書で情報をもらうのを好む上司もいれば、質問ができるように直接報告させる上司もいる。ドラッカーが指摘するように、どうすべきかは明らかである。聞くタイプの上司であれば、とりあえず直接報告してから、メモでフォローするとよい。逆に読むタイプならば、メモや報告書で重要な項目や提案に触れたうえで、その件について話し合うとよい。

上司の意思決定スタイルに応じて調整することも可能だ。解決すべき問題や決定すべきことが持ち上がると、すすんで首を突っ込んでくる上司がいる。現場の実態を把握しておきたいため、こうして深く関わろうとする。通常、このような場合、事あるごとに上司に相談しておけば、彼ら彼女らのニーズも、またあなた自身のニーズも十分満たされる。何でも関わろうとする上司は、どっちにせよ、関わってくるものだ。だからこそ、あなたが主導権を握り、上司を巻き込むことでメリットが得られる。他方、むしろ権限委譲して、自分はあまり関わろうとしない上司もいる。大きな問題が生じた時、重要な変化が起こった時に教えてもらえればよいと考えているのだ。

良好な関係を築くには、互いの強みを活かし、互いの弱みを補うことが欠かせない。我々が調査した管理職の一人は、上司であるエンジニアリング担当バイスプレジデントが現場スタッフの問題をちゃんと監視できていないため、自分がこれをやろうとした。ただし、リスクは小さくなかった。エンジニアや技術者は全員労働組合員であり、とはいえ会社は顧客と結んだ契約を守らなければならない。また、深刻なストライキが起こったばかりでもあった。

この管理職は、上司、生産計画部門、人事部門と密接に協力して、潜在的な問題を回避できるように尽力した。そして、どのような人事方針や配属方針の変更についても、上司が彼と一緒に検討してから行動を起こすように、非公式なルールをつくった。上司は彼の忠告を尊重し、部門業績と労使関係が改善されたのは彼のおかげであると評価した。

相互期待

上司は何を期待しているのか承知していると断言できない部下は、苦労することになる。もちろん、自分が期待するところを具体的かつ詳細に説明する上司もいるかもしれないが、ほとんどの人がそうはしない。たいていの企業に、正式な計画立案プロセス、キャリアプランや人事考課など、期待するところを伝える仕組みがあるとはいえ、けっしてこれで安心できるわけではない。それに、これら正式な制度の合間にも、上司が期待することはおのずと変わっていく。

つまるところ、上司の期待を見極めるのは部下の仕事なのだ。そのような期待は、たとえば「上司がどのような問題を、いつ知らせてほしいと考えているか」など広範であり、また「いつまでにプロジェクトを完了すべきか。それまでにどのような情報を必要としているのか」など、非常に具体的でもある。

態度がはっきりしない上司に期待を公言させるのは難しいだろう。しかし、優秀な部下は、これを知る方法を探す。仕事の重要ポイントを網羅した詳細なメモを作成し、それを上司に渡してチェックしてもらうという人もいるだろう。そのうえで上司と直接話し合い、メモに書かれた各項目を一つひとつ確認する。このような議論によって、たいてい上司の期待はほぼ明らかになる。

あるいは、「よいマネジメントとは何か」や「我々の目標とは何か」などについて、非公式に話し合う機会を継続的につくることで、期待を口にしない上司に対処するという部下もいるだろう。また、上司と一緒に仕事をしたことのある人、あるいは上司がその上司への約束を表明している予算や事業計画など、間接的に役に立ちそうな情報を探し出す人もいる。どのアプローチを選ぶかは、言うまでもなく、あなたが上司のスタイルをどのように理解しているかによる。

本当に互いに期待し合うためには、あなたの期待を上司に伝え、それが現実的かどうかを確認し、あなたにとって重要な期待を上司に受け入れさせる必要がある。また、上司がやたら頑張る人の場合、上司にあなたの期待をわかってもらうことがとりわけ重要である。そのような上司は、ともすれば非現実的に高い基準を設定するため、現実に合わせて調整する必要があるからだ。

情報の流れ

上司が部下の仕事に関する情報をどれくらい必要とするかは、その上司のスタイル、彼が置かれている状況、部下への信頼度によって大きく異なる。しかし、部下が当たり前のように提供している以上の情報を上司が必要としていることは珍しくなく、また上司が実際以上に情報を知っていると部下が買い被ることもしかりである。優秀な人材は、上司が必要としている情報量を過小評価しているのではないかと考え、上司のスタイルに見合った方法で十分な情報を提供できるように努める。

何か問題が生じて、これに耳をふさぐような上司の場合、どのように情報を上げるのか、その流れを管理するのは特に難しい。大半の人が否定するだろうが、上司という人種は「よいニュースだけ聞きたい」というシグナルを発していることがよくある。問題が起こったと聞けば、たいてい言葉には出さないものの、とても不機嫌になる。これまでの実績とは無関係に、面倒を持ち込まない部下を高く評価することすらある。

しかし上司たる者、やはり会社や部門のためにも、また自分の上司や部下のためにも、成功だけでなく失敗にも耳を傾けなければならない。上司が朗報ばかり求めるため、伝えなければならない情報を間接的に知らせる方法を探す部下もいる。ＭＩＳ（経営情報システム）などはその一つである。そのほか、よいニュースであれ悪いニュースであれ、潜在的な問題を見つけたら、すぐさま報告している部下もいる。

信頼性と誠実さ

上司にすれば、頼りにならない部下、仕事がいい加減な部下ほど困ったものはない。わざと頼りないふりをしている人はいないだろうが、多くの人が、上司の優先順位を見落としたりわかっていなかったりするため、不覚にもそうなっている。読みが甘くても、とにかく納品日を約束すれば、当座は上司を喜ばせられるだろうが、これを守れなければ上司の不興を買いかねない。何度も締め切りを破る部下を信用するのは、上司にすればできない相談というものだ。ある社長が部下の一人を評して、こう述べている。「素晴らしい結果を出す回数が減ってもかまわないので、むしろ確実性を望みます。そうすれば少なくとも信頼できるのですが――」

わざと上司にいい加減な態度を取る人もそうはいない。しかし、本当のことを少し隠して、問題を些細なことに見せるのは簡単である。いまある懸案が将来大問題に発展することはよくあることだ。部下の言うことをかなり正確に読み取れたにしても、それが当てにならないとすれば、上司がうまく仕事を切り盛りするのは不可能に近い。いい加減さは部下として何よりやっかいな特性である。なぜなら、それは信頼を失うからだ。そもそも信用できないとすると、上司は部下の決めたことをすべてチェックせざるをえないと思い、権限委譲が難しくなる。

上司の時間と資源の使い方

おそらく上司も、あなたと同じように、時間やエネルギー、影響力に限りがある。上司に何かを頼むたびに、これらの資源がいくばくか減っていく。したがって、これらの資源は選んで利用するのが賢明だろう。当たり前のように聞こえるかもしれないが、いかに多くの人たちが、比較的些細な問題で上司の時間（と自分自身の信頼）を消耗していることか。

一例を挙げよう。あるバイスプレジデントは、他部門のおせっかいな秘書をクビにしようとして、上司にあれこれ働きかけた。上司はそのために、結構な労力を使わなければならなかった。言うまでもなく、その部門の責任者は愉快ではない。後日、もっと重要な問題に取り組む中で、そのバイスプレジデントは問題にぶち当たった。その部門のスケジューリングおよび管理方法の変更が必要だったが、他部門の秘書をクビするといった些細な問題のために上司に骨を折らせてしまったため、彼自身と彼の上司は評判を落としており、もっと大切な目標を達成するのが難しくなった。

誰の仕事なのか

ほかにもやらなければならないことがあるのに、上司との関係を管理することにも時間と労力を割かなければならないのか——。こう憤慨する人もいるに違いない。そのような人は、ボス・マネジメントがいかに重要であるか、また潜在的な大問題がなくなることでいかに仕事が楽になるかをわかっていない。

優秀な人は、この仕事が理にかなっていることを認識している。このような人たちは、自分の業績への責任を負うのは最終的に自分であると考えているため、自分が依存している人たちともれなく良好な関係を築き、それを管理しなければならないことを承知している。もちろん、そこには上司も含まれる。

【注】

John J. Gabarro, "Socialization at the Top: How CEOs and Their Subordinates Develop Interpersonal Contracts," *Organizational Dynamics*, Winter 1979. ならびに John P. Kotter, *Power in Management*, AMACOM, 1979.（邦訳『パワー・イン・マネジメント』白桃書房、一九八一年）を参照。

第9章

人脈の戦略

INSEAD 教授
ハーミニア・イバーラ
INSEAD 准教授
マーク・ハンター

"How Leaders Create and Use Networks"
Harvard Business Review, January 2007.
邦訳「人脈の戦略」
『DIAMONDハーバード・ビジネス・レビュー』2007年3月号

ハーミニア・イバーラ
(Herminia Ibarra)
INSEAD コラ記念講座リーダーシップ・アンド・ラーニング教授。組織行動論も担当。著書に『世界のエグゼクティブが学ぶ 誰もがリーダーになれる特別授業』(翔泳社、2015 年) がある。

マーク・ハンター
(Mark Hunter)
INSEAD 准教授。調査報道ジャーナリストでもある。専門はコミュニケーション論。著書に *The Passions of Men: Work and Love in the Age of Stress*, Putnam, 1988. がある。

リーダーへの転換期に必要なこと

ヘンリック・バルマー（以下、本稿の登場人物はすべて仮名）は、新たに買収した化粧品会社のプロダクトマネジャーに就任し、同社の取締役会に名前を連ねた時、自分の人脈を再構築しなければならなくなるとは、露ほどにも思っていなかった。

彼の関心は、もっぱらタイムマネジメントにあった。何より、まずチームを一つにまとめなければならない。生産プロセスも、大幅に変更する必要がある。さらに、事業拡大といった戦略課題にも時間を費やさなければならない。これだけの仕事をこなしつつ、家族が起きている間に帰宅するには、文字通り、オフィスに缶詰になって働くしかない。しかも、日々発生する問題にも対処しなければならない。たとえば、特別注文を請け負っては生産効率の足を引っ張っている営業ディレクターとは衝突が絶えなかった。ヘンリックは、コネづくりのために人脈を広げるなど、かっこ悪いと決め込んでいた。したがって、人脈づくりに時間を振り向ける気など、彼にはさらさらなかった。

しかし、ある日の取締役会で、新規の買収案件があることを知らされる。もしそれが現実化すれば、自分の将来は危ういかもしれない。ヘンリックはその時、自分が社内のみならず、社外でも蚊帳の外に置かれていることを思い知った。

このようなケースはけっして珍しくない。我々は二年間にわたり、「リーダーへの転換期」を迎えたマネジャー三〇人の追跡調査を実施した。キャリアの転機が訪れると、マネジャーは自分自身と自分に課せられた役割について再考を迫られる。これをどのように乗り越えていくのか、彼ら彼女らを継続的に観察した結果、マネジャーがリーダーへ成長するには、人脈づくりに取り組まなければならないことが明らかになった。リーダーにとって、サポートやフィードバック、アイデア、経営資源、情報を得るために個人的なネットワークを広げることは課題の一つである。同時に、リーダーを目指すマネジャーたちにとっては、最も不安な課題の一つであることもわかった。

リーダーになりたいという人が不安を抱くというのもわからないでもない。なぜなら、これまで自分の専門分野で優れた能力を発揮し、チームの目標達成に向かって懸命に取り組むことで昇進してきたからだ。専門分野の外に出て、全社的な戦略課題に取り組めと言われても、必要なのは「分析」ではなく「関係」だとはなかなか気づかない。リーダーにとって、さまざまなステークホルダーや将来のステークホルダーと付き合うことは、けっして本業をなおざりにすることではない。それどころか、むしろリーダーの最も重要な仕事である。しかし、リーダーの卵たちにはなかなかわからない。

我々の調査でも、冒頭に登場したヘンリックをはじめ、ほとんどのマネジャーが人脈づくりを欺瞞的で作為的だと感じていた。そこまで言わずとも、せいぜい他人の力を借りるための手法だと思っていた。意識することなく人間関係を広げ、それを維持しているマネジャーでも、そのような人付き合いに抵抗を感じ、考え方を改められないケースが少なくない。しかし、リーダーとなり、リーダーとして成功を収めるには、人脈が欠かせない。

我々は、リーダーの卵たちがこの難題にどのように取り組むのかを観察したところ、人脈には次の三種類があり、これらは相互に関連し合っており、リーダーへの転換期において極めて重要な役割を果たしていることがわかった（**図表9-1「人脈には三種類ある」**を参照）。

仕事上のネットワーク（operational networking）：社内業務をうまくこなすうえで役立つ人間関係

個人的なネットワーク（personal networking）：自分自身の成長を促す人間関係

戦略上のネットワーク（strategic networking）：事業の新たな方向性に気づき、それを実現するために必要な関係者を集められる人間関係

我々の調査では、仕事上のネットワークと個人的なネットワークについては、その活用度が高い人もいれば低い人もいたが、戦略上のネットワークの活用度についてはほとんどすべての人が低かった。本稿では、これら三種類の人脈にどのような特徴があるかを示し、マネジャーがリーダーへ成長していくに当たって、これら三つの人脈を構築する戦略がいかに重要な役割を果たすのかを説明する。

「仕事上のネットワーク」を構築する

リーダーたる者、自分を助けてくれる関係者と良好な人間関係を構築しなければならない。業務に関係する関係者の数は多く、その範囲も広い。直属の部下や上司だけでなく、同僚など、プロジェクトを

図表**9-1**｜**人脈には3種類ある**

人脈を広げるのが得意だと思っている人でも、実は仕事上のネットワークもしくは個人的なネットワークの範囲にとどまっていることが多い。優秀なリーダーは、人脈を戦略目標の達成に活用するテクニックを知っている。

	Operational Networking 仕事上のネットワーク	Personal Networking 個人的なネットワーク	Strategic Networking 戦略上のネットワーク
目的	効率よく仕事をこなすため。すなわち、求められる能力と機能を維持するため。	個人として、またビジネスパーソンとしての成長を促すため。有益な情報を教えたり、知人を紹介したりする。	将来の優先事項や課題を見極め、それに備えて関係者から支援を仰ぐため。
内部志向か外部志向か／現在志向か未来志向か	メンバーはほとんど内部の人で、現在のニーズに取り組む。	メンバーはほとんど外部の人で、現在および将来に関心がある。	メンバーはほとんど外部の人で、将来に関心がある。
キーパーソンの人選	キーパーソンの人選については、ほとんど裁量の余地がなく、たいてい業務内容や組織構造によって決まる。そのためメンバーの範囲ははっきりしている。	キーパーソンの人選については、ほとんど任意であり、メンバーの範囲は必ずしも明確ではない。	キーパーソンの人選については、戦略の内容や組織環境に左右されるが、具体的な人選は任意である。メンバーの範囲は必ずしも明確ではない。
人脈の特徴とカギとなる行動	深い： 職場で強固な人間関係を構築する。	広い： 仲介者になりうる人と知り合う。	影響力： 社内外に人脈をつくる。

支援あるいは妨害しうる社員はすべてその対象となる。さらにサプライヤーや流通関係者、顧客といった社外のステークホルダーもこれに含まれる。

この人脈の目的は、目の前の仕事をこなすうえで不可欠な関係者が互いに知り合い、信頼し合い、連携や協力を図ることにある。これはけっして簡単なことではないが、他の二つの人脈と比べれば、相対的には難度は低いといえるだろう。なぜなら、目的が明快であり、そこに関わるメンバーの基準がはっきりしているからである。すなわち、業務上、役に立つかどうかである。

調査したマネジャーたちが最も慣れていたのは、この仕事上のネットワークだが、それにもかかわらず、ほぼ全員が重要な人物やグループを見落としていた。社員数百人のベンチャー企業で経理部長を務めるアリステアが、創業者からＣＦＯに抜擢された時もそうだった。取締役会では最年少で、むろん経験も浅かった。彼は直感的に、新たな職責を果たすには専門分野でさらに活躍しなければならないと思った。

そこでアリステアは、創業者が漏らした「上場するかもしれない」という言葉を思い出し、厳しい審査にも耐えうる財務資料を作成しようと、経理部門の再編に乗り出した。この取り組みは成功し、経理部門の能力は大幅に向上した。しかし、上場に賛成していたのは七人の取締役のごく一部であることを、アリステアは知らなかった。取締役に就任してから一年後、ＩＰＯ（新規株式公開）をめぐって取締役会の意見は真っ二つに分かれた。その時になって、初めて帳簿の整理に膨大な時間を費やすより、他の取締役の考えを探ることに力を注ぐべきだったのかもしれないと気づいたのだった。

この仕事上のネットワークという人脈だけに頼っていると、問題に巻き込まれやすい。この人脈は通常、割り当てられた目標を達成することを目指したものであるがゆえに、「何をどうすべきか」という戦略課題への答えは見つけられない。さらに、後述する個人的なネットワークや戦略上のネットワークとは異なり、その人脈を構成するメンバーを決めるうえで裁量の余地がほとんどない。仕事上のネットワークは、かなりの部分が仕事の内容と組織構造によって決定されるからである。仕事上のネットワークの大半が、所属部門の内部で生じ、短期的な要求を満たすための日常業務を通じて形成される。外部の関係者といえば、せいぜい取締役、顧客、規制当局である。したがって人脈の範囲は、このように仕事の内容と高次元に決定された要請に制約されやすい。もちろん、マネジャーが自分の判断で、その関係を深めたり発展させたりすることは可能である。また、どの関係者を重視すべきかの判断もマネジャー自身にある。

つまるところ、仕事上のネットワークが機能するかどうかは、人脈の質、すなわち信頼関係が築けているかどうか次第である。しかし、メンバーを選ぶ余地が少ない以上、仕事の成功以外に得られる価値はないだろう。

調査対象の中で典型的なマネジャーは、既存の協力関係を維持することには熱心でも、そうそう起こらない課題や予想外の出来事に直面した時に備えて人間関係を構築しておくことにはあまり関心がなかった。しかし、マネジャーがリーダーへ成長するには、それまでの人間関係を見直し、将来に役立つ人脈を構築する必要がある。

「個人的なネットワーク」を構築する

アリステアのように社内人脈に頼りすぎる危険性に気づいたリーダーの卵たちは、組織の外に出かけ、気の合う仲間を探そうとする。そして、「自分は何と社交性に乏しいことか」と気づかされる。なぜなら、自分の専門分野の知識しかないため、慣れ親しんだ世界から飛び出て見知らぬ人と出会っても、共通の話題が見つからないからである。とはいえ、業界団体や同窓会、クラブ、同好の士が集まるコミュニティに参加したりすることで、新たな視点が得られ、これが出世の一助となる。我々が言う「個人的なネットワーク」とは、このような人脈のことである。

我々が調査したマネジャーの大半が、仕事と無関係な活動になぜ貴重な時間を割かなければならないのかと懐疑的だった。目の前の仕事をこなす時間すら惜しいのに、なぜたまにしか会わない知り合いを増やさなければならないのかと疑問に感じていた。個人的なネットワークが必要な理由とは何か。それは、彼ら彼女らが重要な人物を紹介してくれたり、貴重な情報をもたらしてくれたり、時にはコーチやメンターとして人間的成長を後押ししてくれるからである。

ある新任工場長の例を挙げよう。彼が任された工場は、今期黒字転換できなければ閉鎖されるという危機に直面していた。従業員たちの間には無気力が広がっていた。そのような中、彼はビジネス関係者が集う団体に加入し、そこで出会った一人の弁護士にどうすれば黒字に転換できるか、相談するようになった。弁護士に相談したことでやる気が出てきた彼は、本社の人脈を広げ、同じような危機を乗り越えたことがある人物を探し出した。そして二人のメンターを見つけた。

この個人的なネットワークは、マネジャー自身が気兼ねなく成長できる場でもあり、戦略上のネットワークの基盤にもなる。中堅ソフトウェア会社でプリンシパルを務めるティモシーの悩みは、父親譲りの吃音《きつおん》だった。事前に準備できる会議の場合はまだしも、社内外を問わず、偶然誰かと会話を交わさなければならない時は一苦労だった。この問題を解決しなければならないと決心した彼は、それまで一度も出席したことがなかった社交パーティに少なくとも週二回出席するようにした。毎回、事前に招待客のリストを手に入れて、経歴を調べ、会話の糸口を用意して臨んだ。一番気が重かったのは「ドアを開けて会場に入る瞬間でした」とティモシーは振り返る。いったん中に入ってしまえば、興味のある話題に加わることに夢中で、吃音も出なくなった。

こうして吃音を克服すると、次は社員たちと仲よくなることに努めた。以前は自分の仕事の世界に閉じこもっていたことを思えば大変身である。我々が調査したマネジャーの何人かはティモシーのように、個人的なネットワークを比較的安全なものと見て、自分が抱えている問題をさらけ出し、その解決方法を見出していた。なお、「比較的安全」とは「戦略上のネットワークと比べて」という意味であり、戦略上のネットワークにおいて同じように行動するのは極めてリスクが高いことを指摘しておこう。

個人的なネットワークとは、主に社外において、おのれの意思によって何らかの共通点がある人とつながりを築くことである。そのような社外人脈には重要な人物を紹介してくれる仲介者がいるかもしれない。かの有名な「六次の隔たり（six degrees of separation）理論(注)」によれば、個人的な人間関係の価値は、最小限のつながりで遠く離れたところにいる、必要な情報の持ち主にたどり着けるところにある。

我々が観察したところでは、仕事上の付き合いを広げようと格闘するマネジャーが合理的かつ自然な方法として思い付くのは、たいてい仕事上のネットワークから個人的なネットワークにかける時間の比重を変えることだ。それまでは組織の外にほとんど目を向けていなかったマネジャーにしてみれば、これは大きな前進である。みずからを再発見し、新しい環境について理解を深めるきっかけとなろう。しかしリーダーへと成長するには、個人的なネットワークだけでは足りない。たしかに誰かと知り合うことで新たな興味が呼び覚まされるかもしれないが、自分よりも地位の高い人と親しくなるために役立つとは限らないからである。また、自分の専門領域の世界においては影響力を高められるかもしれないが、その力を会社の目標達成に利用できるとは限らないからだ。したがって、人脈を構築するスキルを磨く必要性を感じて本気で取り組んだとしても、個人的なネットワークだけでは時間とエネルギーの無駄であると感じるかもしれない。後述するように、マネジャーからリーダーへと成長するには、個人的なネットワークを戦略と結び付けなければならない（**章末**「マネジャーをリーダーに進化させる」を参照）。

「戦略上のネットワーク」を構築する

現場をまとめるマネジャーから事業全体をマネジメントするリーダーへと成長を遂げるには、多種多様な戦略課題に関わる必要がある。ただしそのためには、他部門のマネジャーなど、直接上下関係にない人たちとも付き合うことが欠かせない。つまり戦略上のネットワークとは、個人の目標と組織の目標を同時実現させる人間関係や情報源を獲得することにほかならない。

所属も経歴も、また目標も動機も異なる人たちとうまくやっていくには、個々の業務を超えた事業全体に関する目標を掲げることが欠かせない。そして、アイデアを売り込んだり、経営資源を獲得したりするには、戦略上のネットワークを活用して連携を図らなければならない。某社の物流部門でマネジャーを務めるソフィの例を紹介しよう。一歩一歩着実に昇進を果たしてきた彼女は、CEOが物流部門の抜本的な改革を考えていると聞いて、呆然とした。そうなれば、自分の権限は縮小してしまう。ソフィはそれまで、日々業務を改善し続けることで評価されてきた。しかしその間、より大きな市場へ進出しようと、上層部では経営資源と権力をめぐって混乱が生じていた。彼女はそのことを知らなかったのだ。

ソフィは、優秀で忠実な部下を何人か抱えていた。とはいえ、彼女が今後どのような命令が下るのかを予想し、どのように対応すればよいか、アドバイスしてくれるような社外の知り合いはほとんどいなかった。彼女は流通にまつわることは自分の管轄であると主張したが、受け入れられなかった。そこで、今度はコンサルタントを雇って代替案を提出したが、それを見た上司は「事業について、大局的、長期的な視点に欠ける」と一蹴した。落胆した彼女は会社を辞めようかとも思ったが、シニアマネジャーから支援を取り付け、魅力的な提案をしたいならば、一度部門の外に出て、社内外を問わず、オピニオンリーダーたちと触れ合う必要があると考えた。

リーダーとマネジャーを分かつのは、みずからの目的地を見つけ出し、そこに至るうえで必要な助力を周囲から得られるかどうかである。リーダーは利害関係のある相手に声をかけ、協力者や支持者の輪を広げ、社内の権力地図を把握し、これまで交流のなかったグループの間を取り持つ。マネジャーからリーダーへの階段を上がろうという時期には、周囲の力を借りなければならなくなるという事実を受け止め、互いに支え合う関係に発展させようと努力できる人もいる。その一方で、そのような取り組みを「政治的である」と切って捨て、結果として自分の能力を矮小化させてしまう人もいる。

我々が調査したマネジャーの中にも、これを個人の価値観と誠実さの問題ととらえ、後者の道を選択した人たちが何人かいた。大手企業でマネジャーを務めていたジョディもその一人だった。彼女いわく、「私のリーダーシップは機能不全に陥っていました」。というのも、部門内でクーデターが起き、敵対勢力が彼女のチームの主要機能を独占してしまっていたからだ。にもかかわらずジョディは、社内の幅広い人脈に訴えようとはしなかった。クーデターが起きた時、なぜ社内の誰かに助けを求めなかったのかと質問したところ、彼女は「くだらないパワーゲームに付き合う気にはなれなかったのです」と答えた。「人間は自分の価値観や倫理観に照らして正しいと思うことだけをすべきです」と言うのである。しかし、くだらないパワーゲームであれ何であれ、ジョディはこのゲームのせいで直属の部下や同僚からの尊敬と支持を失うはめとなった。部下たちは、我が身を守ろうとしない上司を見て、「これ以上、ついていけない」と判断したのだ。最終的に、ジョディは会社を去らざるをえなくなってしまった。

戦略上のネットワークを構築するには、「影響力の行使」が必要不可欠となる。すなわちリーダーは、自分の人脈から必要な情報はもとより、支援や資源を引き出し、それらを活かしながら目標を達成する能力が求められる。戦略上のネットワークを使いこなせる人は、その影響力を間接的に行使する。要するに、自分の知り合いに動いてもらうのではなく、知り合いに頼み、その知り合いに自分が必要とする行動を取ってもらうのだ。また、このように自分の人脈に影響力を行使するだけでなく、自分が考えるところに合わせて人脈をつくり変える。つまり、部下を異動させたり、新規に雇用したりするのである。たとえば、サプライヤーや資金源を変えたり、自分の協力者が同僚として隣席に座れるよう働きかけたりする。場合によっては、事業目標を達成するために取締役会のメンバーを入れ替えたりもする。ジョディはこうした戦術をあえて使わず、かたや彼女の敵対者たちはそれを使ったにすぎない。

リーダーの卵たちにすれば、戦略上のネットワークを構築するには膨大な時間とエネルギーがかかり、そのせいで仕事にかける時間やエネルギーが失われかねない。多くのマネジャーが戦略上のネットワークを一番必要としている時、たとえば自部門でトラブルが発生し、外部に助けを求める以外に解決する術がない時に限って、戦略上のネットワークから離れてしまう理由の一つがこれである。そこで、仕事上のネットワークに安住するのではなく、仕事上のネットワークを戦略的な関係に発展させることが欠かせない。

我々が調査したマネジャーの一人は、マネジメントと戦略において、その手法と見解の違いから上司と対立した時、社内の同僚や仕事上の関係者を総動員し、上司との和解に努めた。彼は本社から離れた場所での仕事から手が離せず、本社に顔を出す機会を逸してしまった。そこで、現場管理の多くを部下たちに任せて時間を捻出し、自分の人脈を通じてメッセージを送り、上司との関係を修復することに成功した。

仕事上のネットワーク、個人的なネットワーク、戦略上のネットワークは、それぞれ重なり合う。たとえば、我々が調査した別のマネジャーは、ハンティングという趣味を通じて、石造建築業者や引越し業者など、さまざまな仕事の人たちと知り合うことができた。そのほとんどは、彼が働く家電業界とは無縁の人たちだったが、顧客リレーションシップという課題を日常的に抱えていることでは皆共通していた。他の人が抱える課題やその解決方法について聞くことで、自分自身の課題を別の視点から見ることができた。それらを参考に仮説を立てて、実際に職場で試したりした。このように、最初は個人的な趣味の世界から始まった関係が、仕事の上でも戦略の上でも有意義な関係へと発展したのである。重要なのは、彼のように組織の社内外で人脈を広げ、これを最大限活用することである。とはいえ我々の調査では、そもそも人脈づくりを避けるマネジャーもいれば、戦略上のニーズよりも相性の良し悪しを優先して相手を選んだ結果、人脈づくりに失敗してしまったマネジャーもいた。

人脈を効果的に構築するために

「ネットワーキング」（人脈づくり）という言葉に「ワーク」（仕事）という言葉が含まれているように、人脈づくりは仕事の一部であり、文字通り労を要するものである。マネジャーは、居心地のよい場所から外に飛び出していかなければならない。では、人脈づくりにおいて、最小限の努力で、最大限の成果を上げるにはどうすればよいだろう。その秘訣は、三つの人脈のいずれかで得た人間関係を、残り二つの人脈へと横展開させることである。たとえば、個人的な関係において、戦略について相談すると客観的な意見をくれる人がいれば、彼もしくは彼女を仕事上のネットワークでも活用する、あるいは仕事上のネットワークにある同僚を味方につけて、戦略上のネットワークへと発展させるといった具合だ。いずれにしても、まず人脈づくりに関する自分の態度を改め、その正当性と必要性を認めることから始めなければならない。

認識を改める

人脈を広げるスキルを上達させる方法についてマネジャーたちと議論をすると、よくこんなせりふを耳にする。「そうできればよいのですが、問題は目の前の仕事をこなさなければならないことですよ」前述のジョディのように、人脈を利用することは、他人のふんどしを借りて勝負することにほかならず、偽善的で倫理にもとるとさえ考えるマネジャーもいる。しかし、人脈づくりはリーダーに求められる最も重要な業務の一つである。にもかかわらず、リーダーを目指す者がそれを信じず、人脈づくりに手間暇を惜しむとすれば、これまでの努力もあだ花で終わる。

我々の調査結果によると、こうした罠にはまらないためには、誰かロールモデルとなる人を見つけるのが一番である。多くの場合、日頃手本にしている人が人脈づくりに努めている様子を見れば、これまで不快だとか非生産的だとか思っていた人脈づくりへの印象も変わる。ある消費財ブランドを担当する部門でヨーロッパ統括部長を務めるガブリエル・シェナードも、そうした経験者の一人である。彼は前任者から、支店を訪問する機会を見つけては、そこの社員や顧客と親しくなろうと努力する姿勢を学んだ。その前任者はまた、移動中の機内や車中を、同行者と最新情報を交換したり、人間関係を深めたりする場として活用していた。ガブリエルは、体を休めるために使ったほうがよいにもかかわらず、その時間を人脈づくりに充てている上司を見て、自分も見習おうと考え、これをマネジメントスタイルに取り入れた。社会道徳に反することなく効果的に人脈を構築するスキルは、他の暗黙知的なスキルと同様、判断力と直感力の問題である。人脈づくりのスキルを向上させるには、そのような資質を備えた人を観察し、彼ら彼女らに意見を仰ぐとよい。

別の領域から懐に入る

マネジャーの場合、戦略上のネットワークを築こうにも、えてして躊躇してしまう。それは、他部門のお偉方に話しかけようにも「もっともな口実」が見つからないというのが理由の一つである。一緒に仕事をしたり、同じ目標を共有したりしていればまだしも、何の理由もなく話しかけて親しくなるなど、相手が誰であろうと難しいものだ。その相手が経営陣クラスであれば、なおさらである。

しかし優れたマネジャーは、たとえば自分の趣味を戦略上のネットワークづくりに利用してみるなど、別の領域から懐に入り込む。リンダ・ヘンダーソンはその好例である。投資銀行でメディア業界を担当していた彼女は、自分の活動領域を広げたいと考えていた。そこで、自分より地位が高く、他の業界を担当している同僚とどうすれば親しくなれるのか、そのきっかけをずっと探していた。そこで思い付いたのが、仕事とは関係のない趣味だった。その舞台は劇場である。彼女は秘書に、年四回、ホテルでの立食パーティを手配させていた。劇場チケットも予約し、クライアントに招待状を出した。リンダはこのイベントを営業活動に利用していたわけだが、クライアントの会社の話に耳を傾けていたのには別の目的もあった。同僚に話しかける口実になるようなアイデアを探していたのである。

別の領域から懐に入り込む方法には、逆に仕事や専門分野を利用するという手もある。ブランドマネジメントからシックスシグマ、グローバル戦略に至るまで、あらゆるビジネス分野には意見交換の「場」が存在する。もしなければ、インターネット上に簡単につくることができる。ベテランの域に達しているマネジャーは、このような社外の集まりを利用して、気の合う仲間と情報交換し、自分のものにする。このように社外で収集した情報を足がかりに、社内人脈を広げていくのだ。

時間配分を変える

まだ権限委譲に不慣れなリーダーの卵たちは、人脈づくりに時間を割けない理由をあれこれ挙げることだろう。他部門の人たちとの公式、非公式の集まりに参加すれば、それだけ自分の仕事や部内の問題に取り組む時間が減ってしまう。仕事の報酬は目に見えるが、人脈づくりの報酬は目に見えない。しかもたいていの場合、手に入るのはずっと先のことであり、経験の浅いリーダーはどうしても前者を優先させがちである。しかし、人脈づくりも練習しなければうまくならない。こうして、悪循環を断ち切れないまま、時間が過ぎていく。

先に紹介したヘンリック・バルマーは、取締役会に出席する準備はしても、取締役会以外の場で他の取締役と交流することはなかった。その結果、自分の仕事に関わる重大な問題でも、取締役会の議題に上るまで知らず、驚くことが多かった。対照的に、優れたビジネスリーダーは日々時間を惜しむことなく、自分の目標に役に立つような情報を収集している。彼ら彼女らは、目下の課題や仕事に直接関係しようと無関係であろうと、さまざまな人たちと非公式に交流している。つまり、このような非公式な場にわざわざ足を運んで人脈づくりに励んでいるのも、継続的に情報を収集するためにほかならない。

あらゆる機会をとらえる

多くのマネジャーが人脈づくりを、膨大な人脈データベースをつくったり、会議やイベントに参加したりすることだと誤解しがちである。実際、我々が調査したマネジャーの中にも、人脈づくりに努めようとして、まずアドレス帳を変えてみたり、名刺管理ソフトを購入したりする人がいた。しかし、このような人たちは次の一歩、すなわち相手に電話をかけたり、メールを送ったりすることに踏み出せない。せっかく知り合っても、すぐに連絡することはなく、何か頼み事ができて、初めて接触を図る。人脈づくりに長けた人は、これとは対照的に、頼み事があろうとなかろうと、あらゆる機会を見つけては相手と連絡を取り合う。

人脈は使ってこそ意味があり、また使うことでさらに広がっていく。まずはちょっとした頼み事から始めたり、知人と知人を紹介する仲介役になったりするとよい。とにかく何でもやってみることだ。何事もそこから始まり、自分も何かに貢献できるという自信が得られるだろう。

諦めずに取り組む

人脈づくりに取り組んでも、その成果にあずかれるまでには時間がかかる。それゆえ、人脈づくりを重要課題に掲げても、何か問題が起こると、そこで挫折してしまう例が少なくない。ハリス・ロバーツもその一人だった。薬事規制を専門とするハリスは事業部門のマネジャーを目指していたが、そのためには人脈が必要であると感じていた。そこで彼は、自分でも不自然な行動だと思いつつも、ビジネススクールの同窓会の幹事をみずから申し出た。しかし半年後、大型新薬の承認審査を控えて多忙を極めるようになると、社外の付き合いを断るようになった。二年が経過したが、人脈らしい人脈はなく、ハリスは職能部門のマネジャーのままだった。有望な昇進候補として注目されるには、戦略的な視点や有益な情報が必要であり、そのためには業界イベントに参加したり、同僚と情報交換したりしなければならないが、それが彼にはわかっていなかった。

リーダーになるための人脈づくりは、スキルというよりも意思の問題といえる。なかなか成果が出ないと「自分には才能がない」と諦めてしまう人がいるが、人脈づくりに必要なのは、才能でもなければ、社交性でも外向性でもない。人脈づくりはスキルであり、習得するためにはやはり練習が欠かせない。我々が知る限り、人脈づくりのテクニックだけでなく、人脈を広げるのが楽しいと感じられる人たちが、その後のキャリアにおいて成功を収めている。一方、社外の人間関係を利用できなかったり、自分の仕事を狭く考えたりしていた人たちは、うまくいっていない。

リーダーとしてしかるべき成長を遂げるには、仕事上のネットワークという範囲が限られた世界から外に出なければならない。リーダーを目指すならば、組織や業務の垣根を超えた戦略上のネットワークを構築する方法とその活用法を身につけなければならない。そして、その人脈を構成する人たちを斬新かつ革新的な方法で結び付けていくのだ。

それまで現場を預かる管理者として働いてきたマネジャーにとって、人脈を構築し、それを通じて力を発揮するという課題は曖昧に感じられると同時に、一筋縄ではいかないだろう。まずは自分の役割を再定義し、新しい人間関係を構築し、新しい自分を開発する必要がある。リーダーにとって人脈づくりは最も重要な仕事の一つである。リーダーの立場になったならば、このことを理解し、成果を急がず、時間をかけて取り組まなければならない。

マネジャーをリーダーに進化させる

リーダーシップ開発の担当役員ならば、それまで成功を収めてきたマネジャーがどのようにキャリア上の転機を迎えるのか、十分承知していることだろう。すなわちそれは、仕事の重点や時間の使い方を変えることを迫られる瞬間にほかならない。多くの企業が、管理職時代の成績に基づいてリーダーへの昇進を決定するが、リーダーに求められる知識や能力、スキルは、これまで積み上げてきたそれとはまったく別物である。しかも、リーダーになっても何の指導もないため、孤軍奮闘しているように感じることだろう。そもそもビジネスの現場で活躍してきたマネジャーは、人脈を広げることで個人の目標や仕事の目標を実現させる能力を持ち合わせていない。したがって、人事部門や教育研修部門はこれまで以上に、人脈づくりについて指導しなければならない。

プライスウォーターハウスクーパースでは、人脈づくりに焦点を当てた「ジェネシスパーク」という画期的なリーダー育成制度を実施している。このプログラムは五カ月にわたるが、その期間中、参加者はクライアントから解放され、ケーススタディの作成、戦略プロジェクト、チームビルディング、チェンジマネジメント・プロジェクトに取り組んだり、社内外のビジネスリーダーとの討論会に参加したりする。このジェネシスパークは以上のように、次世代リーダーたちのキャリア開発の一助となるように、社内外の人脈を広げるような内容になっている。

人脈づくりがリーダーの力量を左右することを認識している企業は、マネジャーが無理なく自然に人脈を広げられるような支援策を講じている。たとえば、日産自動車のCEO、カルロス・ゴーン（当時）は、組織の壁がボトルネックになっていると気づき、さまざまな部門のミドルマネジャーたちで構成させるクロスファンクショナルチームを発足させた。このチームは、サプライチェーンの各コストから製品デザインまで、多種多様な問題に関する解決策を検討するためのもので、正式に組織化されると、社内における「横の人脈」を広げるためにも活用されるようになった。将来の日産を担うリーダーの卵たちは、この業務外の活動を嫌がるどころか、率先して参加している。

たいていの能力開発プログラムは、新たな職位にふさわしいスキルを身につけるという前提に立っている。しかし、マネジャーをリーダーに成長させるには、足し算だけではなく引き算も必要である。つまり、新たな能力を身につけるには、それまで研鑽を重ねてきたスキルに頼る割合を減らさなければならない。その際、リーダーたる者、どのように付加価値を創造すればよいのか、どのような貢献が求められているのかを認識したうえで、これまでの考え方を改める必要がある。最終的には、思考様式を含めて自己変革しなければならない。このように有意な人材の自己変革を後押しすることで、彼ら彼女らはリーダーへと進化できるだろう。

【注】
米国の社会心理学者、スタンレー・ミルグラムが一九六七年に実施したスモールワールド実験から派生した概念で、自分の知り合い六人を介して世界中の人たちと間接的な知り合いになることができるという仮説。「六次の隔たり」という表現を初めて使ったのは、脚本家のジョン・グエアで、一九八三年に起こった詐欺事件を題材にした彼の戯曲 *Six Degrees of Separation* に由来する。ちなみに、映画は『私に近い六人の他人』。

第 **10** 章

マネジャーの時間管理法：「サル」を背負うべきは誰か

ウィリアム・オンキン・コーポレーション 創業者兼会長（当時）
ウィリアム・オンキン, Jr.
ウィリアム・オンキン・カンパニー・オブ・テキサス 社長（当時）
ドナルド L. ワス

"Management Time: Who's Got the Monkey?"
Harvard Business Review, November 1999.

ウィリアム・オンキン，Jr.
(William Oncken, Jr.)
1988年に没するまで、コンサルティング会社ウィリアム・オンキン・コーポレーションの会長を務める。現在は、子息のウィリアム・オンキン3世が同社を率いる。

ドナルド L. ワス
(Donald L. Wass)
本稿初出時はウィリアム・オンキン・カンパニー・オブ・テキサスの社長。その後、企業の社長やCEOを対象とする国際的な会員制組織ジ・エグゼクティブ・コミッティ（TEC）のダラス・フォートワース支部を統率。

※HBR誌1974年11-12月号に初めて掲載されて以降、本稿の電子版は過去最高の売上げを誇る論文の一つ。1999年に名著論文として再掲。当時併載したスティーブン R. コヴィーの解説も掲載する。

マネジャーの三種類の時間

マネジャーが常に時間に追われる一方で、部下たちはたいてい時間を持て余している。いったい、なぜこうなるのか。本稿では、マネジャーの時間とはどういうものなのかを探っていく。そこに関わっているのは、マネジャーとその上司、同僚、部下との関係性である。

具体的には、マネジャーの時間を次の三種類に分けて考察する。

上司に対応する時間。上司に求められた業務を遂行する時間。これをないがしろにすれば即刻、処罰の対象になる。

組織に対応する時間。積極的な協力を求める同僚の要請に応える時間。これを無視することも許されないが、即座に直接的な制裁を受けるとは限らない。

自分自身の時間。マネジャー自身が発案した業務、または実行すると約束した業務に使う時間。ただし、その一部は部下のために使うことになるので、その部分を「部下に対応する時間」と呼ぶ。マネジャーが実際に自分のために使えるのはさらにその残りの時間だけであり、これを「自由裁量の時間」という。自分自身の時間については、どう使おうと処罰されることはない。マネジャーがそもそも何をしようとしていたか、上司も組織も知りようがないため、怠慢を罰しようがないからだ。

こうした周囲の要請に応えるため、マネジャーは自分がいつ何をするかを管理する必要がある。上司や組織に求められた業務を怠れば何らかの懲罰を科されるので、マネジャーがそうした要請を勝手に変えるわけにはいかない。このため、検討すべきは主として自分自身の時間となる。

マネジャーは部下に対応する時間を最小限にするか、部下にはまったく時間を割かずに、、自分の時間の中の、自由裁量の部分を増やす努力をすべきである。そうすれば増えた時間で、上司や組織に要求された業務をうまくさばけるようになる。

現状では、多くのマネジャーが部下の抱える問題の対処に長い時間を費やしている。本人が漠然と考えているより、はるかに多くの時間がかかっているのだ。したがって本稿では、やっかいなお荷物を指す「サル」の例えを用いて、部下に対応する時間がどのように生じているか、上司はそれにどう対処すべきかを吟味していく。

「サル」を背負っているのは誰か

マネジャーが廊下を歩いている時、部下のジョーンズがやって来る。顔を合わせると、ジョーンズはこうあいさつする。「おはようございます。実は、我々に問題が一つ起きまして」。説明を聞いているうちにマネジャーは、部下がやたらと報告してくる他の問題と同様、この問題にも二つの特徴があることに気づく。

すなわち、(a)自分はその問題に関わらなければならない程度には、そのことを知っているが、(b)

期待されている決定を即座に下すほどには、その問題についてよくわかっていないのである。結局、マネジャーはこう言う。「報告してくれてよかったよ。いまは時間がないが、少し考えてから後で連絡するよ」。そして、二人はそこで別れる。

ここで何が起きたか考えてみよう。二人が出くわす前、サルは誰の背中に乗っていただろうか。部下だ。では、二人が別れた後ではどうだろう。マネジャーの背中である。部下の背中からマネジャーの背中に首尾よくサルが飛び移った瞬間から、部下に対応する時間が始まる。そして、世話をし餌を与えるべき、本来の飼い主の元にサルが戻るまで、その時間は続く。マネジャーはサルを引き受けた時点で、みずから部下に従属するポジションに就いた。つまり、本来ならば部下が上司のためにやるべき二つの仕事を肩代わりすることで、マネジャーである自分が部下のジョーンズの支配下に入ることを、ジョーンズに許したのである。何しろマネジャーは部下の仕事を引き受けたばかりか、進捗状況を報告することまで約束したのだから。

この約束がうやむやにならないように、ジョーンズは後日マネジャーのオフィスに顔を出して、上機嫌でこう尋ねるだろう。「あの問題はどうなっていますか」と（これは言わば、監督行為である）。

続いて、別の部下であるジョンソンとのミーティングを考えてみたい。マネジャーが締めくくりにこう言ったとしよう。「わかった。その件について、簡単にまとめて提出してくれないか」

この場合も分析してみる。次に行動すべきは部下であり、サルは部下の背中に乗っている。だが、サルはいまにもマネジャーの背中に飛び移りそうだ。サルの動きを追ってみよう。ジョンソンは命じられた通り、文書をまとめて既決書類フォルダーに入れる。その後しばらくして、マネジャーは自分の未決書類フォルダーからその文書を取り出して読む。この段階で次に行動を起こすべきは誰だろう。マネジャーだ。マネジャーのアクションが遅れれば、ジョンソンから催促のメモが届くだろう（形式は違うが、これも監督行為である）。先延ばしにすればするほどジョンソンは（時間が無駄になったと）いら立ち、マネジャーは罪悪感を募らせる（部下に対応すべき時間ばかりが増えていく）。

また別の場面を想定しよう。三人目の部下であるスミスとの打ち合わせ中に、マネジャーはPR案の作成を彼女に頼む。そして、必要な支援は何でもすると約束して最後にこう言った。「私に手伝えることがあったら教えてほしい」と。

さて、このケースを分析してみよう。ここでも同じように、サルは最初のうちは部下の背中に乗っている。だが、安心するのはまだ早い。スミスは、マネジャーに協力を求めるのはPR案を承認してもらってからだと認識している。また、経験から言って、マネジャーが実際に目を通すまで、PR案は何週間も書類カバンの中で眠ったままになりそうだ。この場合、サルを実際に背負っているのは誰だろう。どちらが、どちらの進捗状況を確認することになるだろうか。この件でも時間は無駄に過ぎ、仕事が滞るのが目に見えている。

四人目の部下、リードは別の部署から異動してきたばかりだ。彼は新しい事業を立ち上げて、ゆくゆくはその事業を統括することになっている。マネジャーは近々打ち合わせをして新規業務の目標を一通り洗い出そうと提案し、こう付け加えた。「君とのディスカッションの叩き台をつくっておくよ」

このケースも検討してみよう。この部下は（正式な任命によって）新しい業務に配属され、（正式な権限委譲によって）全面的に責任を負っている。ところが、次のアクションはマネジャーが起こすことになった。マネジャーが動くまで、サルはマネジャーの背中に乗っていて、部下は身動きできない。

なぜこうした事態が起きるのだろうか。その原因はいずれのケースでも、意識的にせよ無意識的にせよ、当初からマネジャーと部下が「懸案事項には共同で取り組むべきだ」と認識していることにある。どのケースでもサルは生まれた時点で、上司と部下の両方の肩にまたがっている。後は、サルが乗ってはいけないほうの足に乗り移ればいい。そうすれば、マジックのしかけで一瞬で物が消えるように、部下は体よく消えてしまうことができる。こうしてマネジャーがまたもう一匹、サルを背負ったまま取り残されるというわけだ。言うまでもないが、乗ってはいけないほうの足に乗り移らないように、サルを訓練することはできる。だが、それよりも、サルが最初から二人の肩にまたがらないようにすることのほうが簡単だ。

誰が誰の部下なのか

これまでに登場した四人の部下はきっと上司への気遣いが非常に行き届いていて、上司に時間を使わせないようにと、自分の元から上司の背中に飛び移るサルを一日当たり三匹までに抑えるべく努力しているのだろう。だから金曜日ともなれば、上司はキーキー鳴き叫ぶサルを六〇匹も手元に集めることになる。とても一人では手に負えない。そこで上司は、部下に対応する時間の「優先順位」をやりくりして対処する。

マネジャーは金曜日の夕方、現状についてじっくり検討しようと自室のドアを閉めて一人の時間を確保する。ドアの外では、部下たちが週末前に「決断を迫る」最後のチャンスとばかりに待っている。その間、部下たちがマネジャーについてどう噂しているか想像してみてほしい。「仕事が完全に止まっているよ。マネジャーときたら、判断の一つも下せない。この会社でどうしてここまで出世できたのか、永遠の謎だ」といったところだろう。

何より始末が悪いのは、マネジャーが上司と組織の要請に忙殺されて時間がほぼない状態であるために、「次のアクション」を一つも起こせないことだ。こうした業務をこなすために自由裁量の時間が必要なのだが、大勢のサルに気を取られていると、自由裁量の時間は持てないままだ。言うなれば、悪循環に陥っているのだ。だが、時間だけは（控えめに言っても）刻々と過ぎていく。マネジャーはインターホンで秘書を呼び出し、部下たちに月曜の朝まで待つように伝えてくれと指示を出す。そうして夜七時、車で自宅に向かいながら、週末のうちに遅れを取り戻すべく、休日出勤しようと決意する。翌朝、朝一番に出社したマネジャーは窓ごしに、会社に隣接したゴルフ場のグリーンで、四人組がプレーする姿を目にする。そう、ほかでもない自分の部下たち、四人組である。

もう限界だ。マネジャーはようやく、自分が部下たちに使われていたことを自覚するのだ。しかも当初の計画通り、たまっていた仕事を実際にその週末に片付ければ、部下たちはますますいい気になって、上司の背中に飛び移るサルの数を増やすに違いないこともわかった。要するに、遅れを取り戻せば取り戻すほど仕事が増えて、また仕事がたまっていくだけだ。マネジャーにはそれが、山頂で神の啓示を受けたがごとくはっきりとわかったのである。

マネジャーは、まるで災厄から逃げるようなスピードでオフィスを後にした。何をしようとしたか。もう何年も時間がなくてできずにいたこと、つまり、週末を家族と過ごしたのだ（自由裁量時間の使い方はさまざまであり、これもその一つである）。

日曜日の夜、マネジャーは一〇時間も熟睡した。月曜日にどうするか、明確なプランがあったので思い煩うこともなかった。彼は、部下に対応する時間をなくそうとしているのだ。そうすれば、自由裁量の時間がその分増える。その一部を使って、難しいが実りの多い管理手法──「サルの世話と餌やり」と呼ぶ──を、部下たちが習得できるようにするのである。

マネジャーには自由裁量の時間もたっぷり残されるため、上司に対応する時間だけでなく組織に対応する時間の中でも、いつ何をするかをコントロールできるようになる。それには数カ月を要するかもしれないが、以前の状況と比べると、計り知れない効果がある。最終的には、自分の時間を自分で管理する状態を目指したいと考えている。

「サル」を片付ける

月曜日の朝、四人の部下が各自のサルについて話し合うためにオフィスの外で待つ頃、マネジャーはようやく出社する。そして一人ずつオフィスに呼び入れる。面談の狙いは、デスクを挟んで部下と向き合ってサルを一匹ずつデスクの上に降ろし、次にどのようなアクションを部下が取るべきかを一緒に考えることにある。サルによっては、多少手間取るものもあるだろう。部下が取るべきアクションが決められない時は、マネジャーが応急措置を施すこともある。つまり、その晩はサルを部下の背中に乗せたままにして、翌朝の約束した時間にもう一度、部下が行うべき有意義なアクションを一緒に検討するのだ（サルは、部下の背中だろうが上司の背中だろうが関係なく熟睡する）。

部下がオフィスを後にするたびに、マネジャーは部下の背中に乗ったサルがオフィスから出ていく姿を目にすることができる。向こう二四時間は、部下に待たれることはない。逆に、マネジャーが部下の行動を待つことになるのだ。

その後マネジャーは、さしあたって有意義な業務の遂行（つまり部下のサルを引き受けないことだが）を禁じる法律がない、と再確認するかのように、部下のオフィスに赴き、ドアの陰から顔をのぞかせて上機嫌でこう尋ねるのだ。「あの件はどうなっていますか」と（こうして費やされる時間は、マネジャーにとっては自由裁量で使える時間であり、部下にとっては上司に対応する時間である）。

翌日、（サルを背中に乗せた）部下が約束の時間に来ると、マネジャーは次のような趣旨の基本原則をはっきり言葉にして説明する。

「この件だけに限らず、私が力を貸したからといって、あなたの抱える問題が私のものになることは絶対にないでしょう。あなたの問題が私のものになったとたん、あなたの問題はなくなるからです。問題を抱えていない人に力を貸すわけにはいきません」

「このミーティングが終われば、問題はこの部屋からなくなります。やって来た時と同じように、あなたが背負っていくのです。アポイントを取ってくれれば、その時間内に、私の助力を求めてもかまいません。その場合には次に何をすべきか、どちらがそれを行うかを二人で決めましょう」

「私が次のアクションを起こすことはあまりないと思いますが、そうなった場合には、あなたと一緒にどう対応するかを決めます。私が単独で何らかのアクションを起こすことはありません」

マネジャーは部下一人ひとりに同じ趣旨を伝えていく。午前一一時頃に全員に説明を終えると、もはやオフィスのドアを閉める必要がないことに気づく。サルは消えた。また戻って来ることもあるだろうが、約束した時間にしか来ない。それはスケジュール表で保証されている。

主導権を部下に渡す

本稿でサルの比喩を使って言わんとしているのは、マネジャーが本来部下のものである仕事の主導権を部下に戻し、その状態を維持できるということだ。現状では曖昧になっている、当たり前の事実を浮かび上がらせようとしているのである。つまり、部下が主導権を握って仕事をする主体性を育ててやらない限り、部下たちが主体的に行動するように、マネジャーはいつまでも監督しなければならない。ひとたび部下の仕事の主導権が上司の自分に移ってしまえば、その時点でマネジャーは自分の仕事の主導権を失い、自由裁量の時間に別れのキスをすることになる。そして、自由裁量の時間は部下に対応する時間に逆戻りしてしまうのだ。

実際には、マネジャーと部下が一つの仕事の主導権を同時に持つことはできない。部下が「ボス、我々に問題が起きまして」と切り出す時、その仕事の主導権が重複して存在していることがほのめかされている。これは、前述の通り、サルが二人の肩にまたがっていることを示している。サルの登場の仕方としては非常に始末が悪い。そこで、我々が「マネジャーの主導権の解体図」と呼んでいるものを簡単に紹介しよう。

マネジャーが上司や組織との関係の中で仕事の主導権を握るやり方は、五段階ある。

❶指示されるまで待つ（最小限の主導権）。
❷何をすべきか指示を仰ぐ。
❸何をすべきかを提案し、そうしろと言われればアクションを起こす。
❹アクションを起こすと同時にそれを報告する。
❺みずから行動し、定期的に進捗状況を報告する（最大限の主導権）。

マネジャーはマネジャーらしく、上司と組織のいずれに対しても❶と❷の段階に留まるべきでないのは明らかである。❶の段階の主導権を握るマネジャーは、上司と組織に対応する時間のいずれにおいても「いつ」「何を」するかを自分で決められない。「いつ何をせよ」という指示に対して、異議を唱える権利を放棄したも同然だ。❷の段階のマネジャーは「いつ」については決められるが、仕事内容を上司に委ねている。❸、❹、❺の段階の主導権を握れば、「いつ」「何を」するかの両方ともコントロール可能だが、その中でも最大の主導権を発揮できるのは❺の段階である。

部下に仕事の主導権を渡す場合、マネジャーがすべき仕事は二つある。第一に、部下に❶と❷のような主導権を禁じる。すると部下は、否が応でも「コンプリーテッド・スタッフ・ワーク」(注)を習得せざるをえない。第二に、手放す仕事の一つひとつに対してどの段階の主導権を適用するか、次回「いつ」「どこで」部下と打ち合わせするかを合意に基づいて決定する。その予定は、マネジャーのスケジュールにしっかり組み込む。

「サル」を世話し餌をやる

本稿では、仕事を部下に割り当てて管理するプロセスを、背中に乗ったサルに例えてきた。これをさらにわかりやすくするため、打ち合わせの仕方について手短に紹介しておこう。打ち合わせ時には、「サルを世話し餌をやる」ための五つの鉄則を守らなければならない(違反すれば、自由裁量で使える時間が減る)。

ルール❶サルは処分でもしない限り、餌やりが必要だ。そうしないと餓死してしまい、マネジャーが貴重な時間を使って検死や蘇生を試みるはめになる。

ルール❷サルの数は、マネジャーが餌やりできる時間をもとに割り出した最大数までに抑える。部下たちは各自が世話できるだけサルを抱え込んで働くだろうが、上限を超えてはならない。世話が行き届いているサルであれば、餌やりは五~一五分以内に終わるはずだ。

ルール❸サルに餌を与えるのは、約束した時間だけに限る。マネジャーが餓死しそうなサルをわざわざ探し出して手当たり次第に餌をやるようなことはしない。

ルール❹サルの餌やりは必ず対面か、電話で行う。文書ではけっして行わないこと（文書の場合、マネジャーが次のアクションを引き受けることになってしまう）。餌やりの一環として文書作成を加えてもいいが、文書が餌やりの代わりになることはない。

ルール❺それぞれのサルについて、次の餌やりの日時と適用する主導権の段階を決めておく。これらは、相互合意によっていつでも変更できるが、けっして曖昧にしたり無期限にしたりはしないこと。そんなことをすれば、サルは餓死するかマネジャーの背中に舞い戻ってしまう。

時間管理についてアドバイスするなら、「いつ何をするか、自分で舵取りせよ」と言っておきたい。マネジャーが真っ先に行うべきは、部下に対応する時間をなくして自由裁量の時間を増やすことである。二番目に行うべきは、新たにひねり出した自由裁量時間の一部を使って、部下の一人ひとりが実際に主導権を持ち、仕事でそれを発揮するように取り計らうことである。そして三番目には、増えた自由裁量時間の残りで、上司と組織に対応する時間で「いつ」「何を」行うかを自分の手で舵取りするのだ。これらのステップはいずれもマネジャーの手腕を高めるだけに留まらず、マネジャーが自分の業務の時間管理に費やす時間の価値を無限に高めてくれる。

「ゴリラ」のために時間をつくる

スティーブン・R・コヴィー

ウィリアム・オンキンが本稿を執筆した一九七四年当時、マネジャーたちは切羽詰まっていた。彼らは何とかして自分たちの時間を取り戻したいと考えていたが、当時は指揮・統制により管理する「コマンド・アンド・コントロール」が一般的であり、意思決定を部下に任せることは許されないと思われていた。それでは危険すぎる、リスクが大きすぎるというわけだ。それゆえ、「サルを本来の飼い主の元に返せ」というオンキンの主張は、極めて重要な意味を持つパラダイムシフトをもたらした。今日マネジャーとして働く多くの人々は、彼に感謝すべきだろう。

ただし、オンキンが大胆な意見を発表してから、控えめに言っても、状況が大きく変わった。経営理論としてのコマンド・アンド・コントロールはすっかり影が薄れ、競争が熾烈なグローバル市場で生き残ろうとする企業はいまや「権限委譲」をスローガンに掲げている。しかし職場ではいまなお、コマンド・アンド・コントロールが管理手法として根強く残っている。経営思想家や企業幹部はこの一〇年のうちに、サルを部下の元に返してもマネジャーがのんびり自分の仕事にいそしめるわけではないことに気づいた。部下への権限委譲は複雑で至難の業なのだ。

というのも、部下に問題を戻して自身で解決してもらうとなれば、部下にその意欲と能力の両方が備わっていることが前提だ。しかし、経営幹部なら誰でも知っている通り、実際には部下にその両方が備わっているとは限らない。その場合、まったく新しい問題が浮上してくる。権限委譲は通常、人材育成と同義である。つまり当座は、自分で問題を解決するよりもずっと時間がかかるのだ。

さらに、権限委譲がうまくいくのは、組織全体が権限委譲をよしとし、権限委譲を支える正式な制度と非公式の組織文化がある場合のみに限られるという点も重要である。マネジャーが意思決定を部下に任せ社員を育成すれば、それに対して褒賞を与えるべきだ。そうしなければ、個々のマネジャーの信条とやり方次第で、実際にどの程度の権限を委譲するかが組織内でばらばらになってしまう。

しかし、最も重要な教訓はおそらく、オンキンが提唱した効果的な権限委譲は、上司と部下の間の信頼関係の上に成り立つということだろう。オンキンの主張は時代を先取りしていたかもしれないが、やや強権的である。彼は基本的にマネジャーに対して「問題を部下に戻せ」と命じている。今日ではこのやり方自体、独裁的にすぎる。効果的に権限を委譲するには、経営幹部が日頃から部下と対話を続けていなければならない。パートナーシップの確立が必要なのだ。上司の目の前で失敗することを部下が恐れれば、本当に主体性を発揮するよりも、上司に助けを求めて何度も舞い戻ってくるようになる。

オンキンの論文は権限委譲のある側面についても触れていない。それはこの二〇年間、私が大いに興味を感じてきた事柄でもあるのだが、すなわち、部下のサルを引き受けたいと考えているマネジャーが実際には大勢いるということである。私が話を聞いたマネジャーはほぼ全員が、現在の職務では部下を活かせていないと考えている。ところが、際立った業績を上げ、自信たっぷりに見える経営幹部でも、「部下に対するコントロールを手放すのが非常に難しい」と認めているのだ。

何かをコントロールしたいという欲求は、次のような深く社会に根差した通念に起因していると私は考えるようになった。つまり、「人生で報われることはめったにないし、あったとしても束の間にすぎない」という考え方だ。それを植え付けたのは家庭や学校、スポーツかもしれないが、それは別にして、多くの人々はアイデンティティを確立する際に他者と自分を比較する。他者が権力や情報、富、称賛を手に入れる姿を見れば、心理学者アブラハム・マズローが言う「欠乏感」――何かを奪われる感覚――が生じる。すると、他者の成功を心から喜ぶのが難しくなる。それが愛する人であったとしても同じである。オンキンは、サルを部下に引き渡したり拒否したりすることが簡単であるかのように述べている。だが、部下が主導権を発揮すれば、上司の自分が無能で頼りないからだと思われてしまうのではないかと、無意識のうちに不安を覚えるマネジャーは少なくない。

では、マネジャーが心の平穏――つまり「満ち足りている」という感覚――を得てコントロールを手放し、周囲の人々の成長と発展を願うようになるにはどうすればいいのだろうか。筆者が多くの組織とともに行った研究によれば、原理原則に基づく価値体系に従う一貫性のあるマネジャーこそ、権限委譲型のリーダーシップを最も発揮できる人材である。

オンキンが執筆した当時を考えれば、彼のメッセージがマネジャーたちの心に響いたのも当然だ。しかし、それはオンキンの見事な話術が一役買っていたからでもある。私は一九七〇年代に講演者の集まる会合でオンキンと知り合い、彼が自分の主張を面白おかしく事細かに語る技法にいつも感心させられた。漫画の主人公で独身オタクエンジニアのディルバートと同じく、オンキンも皮肉たっぷりの口調でマネジャーたちが抱えていたいら立ちの核心を突き、自分の時間の主導権を取り戻したいと思わせたのだ。また、背中のサルはオンキンにとって単なる比喩ではない。彼自身を示すシンボルだった。私は何度か空港で彼を見かけたことがあるが、その肩には常にぬいぐるみのサルが乗っていた。

オンキンの論文がＨＢＲ誌の掲載論文で一、二の売上げを誇っているのも驚くには値しない。私たちは権限委譲についていろいろ知ってはいても、彼の鮮やかなメッセージは二五年前よりもさらに重要性や意義が高まっている。私自身も実際、オンキンの鋭い分析を下敷きとして時間管理法を考案し、経営幹部に緊急度と重要度に応じて業務を分類する方法を実践してもらっている。経営幹部からは何度となく、「緊急度は高いが重要ではない業務に時間の半分以上が費やされている」と聞かされてきた。彼らは他者のサルに対処し続ける終わりなき連鎖に陥る一方、他者が主導権を発揮するよう導くことに対して及び腰だ。結果的に時間に追われ、所属する組織で本当に取り組まなければならない「ゴリラ」に対処する時間がなくなっている。オンキンの論文はいまもなお、効果的に権限を委譲すべきマネジャーへの厳しい警鐘であり続けている。

〈スティーブン・R・コヴィーは、リーダーシップ開発と生産性に関連するサービス・商品を世界的に提供するフランクリン・コヴィー・カンパニーの共同創設者。著書に『7つの習慣』『7つの習慣 最優先事項』〈以上キングベアー出版、一九九六年、二〇〇〇年〉がある〉

【注】

スタッフとしてどのように仕事をすべきかを定めた七カ条の原則。具体的には、部下が主体性を持ってみずからの仕事を徹底して行い、上司に報告することを指す。そうすれば上司は承認か不承認かを答えるだけで済み、時間が節約できる。この原則は、米国の軍隊でも採用されている。

第 11 章

リーダーとマネジャーの大いなる相違

ジェネシス・アドバイザーズ 会長 兼 IMD 教授
マイケル D. ワトキンス

"How Managers Become Leaders"
Harvard Business Review, June 2012.
邦訳「リーダーとマネジャーの大いなる相違」
『DIAMONDハーバード・ビジネス・レビュー』2012年9月号

マイケル D. ワトキンス
(Michael D. Watkins)
ジェネシス・アドバイザーズの会長。また、IMD の教授を兼ねる。著書に『ハーバード流マネジメント講座 90 日で成果を出すリーダー』(翔泳社、2014 年)がある。

期待のスター人材が昇進後につまずく理由

ヨーロッパを代表する化学企業で一五年の経験を持つハラルド（仮名）は、潜在能力の高いリーダーである。プラスチック事業のアシスタントプロダクトマネジャーからスタートしたハラルドは、すぐに香港へ転勤となり、同事業のアジア拠点の新設に関わった。当地の売上げが伸びると、まもなくセールスマネジャーに昇進し、三年後にはヨーロッパ・中東・アフリカ担当の販売マーケティングディレクターとしてヨーロッパに戻り、八〇人のメンバーを監督した。次々と成功を収めた彼は、ポリエチレン部門の販売マーケティング担当バイスプレジデントに昇進し、複数の製品ライン、関連サービス、二〇〇人近いスタッフを統括した。

このように懸命に働いたかいあって、ハラルドはついに同社のプラスチック事業の責任者に任命されることとなった。その事業は全世界で従業員三〇〇〇人以上を抱えている。会社としては、強力なチームを擁する、小規模ながら勢いのある事業を運営させようという意図があった。マーケティングや販売に留まらず事業全体を把握し、自分よりも経験豊かなチームの助けを借りて指揮を執るとはどういうことかを学び、複雑な問題や局面がない状況でリーダーシップのレベルアップを図る――そのような機会を彼に与えようとしたのである。段取りは完璧だと思われたが、ハラルドは新しいポジションに就いて数カ月経っても、悪戦苦闘していた。

ハラルドと同様に、一部門のリーダーから事業全体のリーダーになり、損益責任や全部門の幹部の監督を初めて負うようになると、日の出の勢いだった多くの人間がつまずいてしまう。トップに立つというのは、まったく違う仕事なのである。その実態を調べるため、私は四〇人を超す経営幹部とインタビューを重ね、この重要な転換点について詳しく検討した。インタビューしたのは、高い潜在能力を磨いてきたマネジャー、シニアの人事担当者、初めて事業責任者になったばかりの人々である。

そこから得た知見は、うまく移行を成し遂げるには、リーダーシップ上の重点やスキルの大きな変化を乗り越えなければならない、ということだ。私はこれを「七つの変化」と呼んでいる。つまり経営幹部は、スペシャリストからゼネラリストへ、分析者から統合者へ、戦術家から戦略家へ、レンガ職人から設計者へ、問題解決者から課題設定者へ、兵士から外交官へ、脇役から主役への変化を学ばねばならない（**図表11-1**「事業リーダーになるための七つの変化」を参照）。多くの同僚たちと同じく、ハラルドもこうした変化の大部分にうまく対応できなかった。なぜそれほど難しいのだろうか。彼がそれぞれの変化に際して、思わぬ状況に直面し、根拠のない仮説を立て、みずからの時間や想像力を超えたまったく新しい要求を受け、何もわからないまま決定を下し、その過ちから学んでいった様子を見ていこう。

スペシャリストからゼネラリストへ

ハラルドがすぐに直面した課題は、一部門の取りまとめ役から全事業部門の統括者への変化である。

図**11-1**｜事業リーダーになるための7つの変化

部門責任者が初めて事業リーダーとなる際に必要とする変化は、どれも新しいスキルの習得、新しいマインドセットの醸成に関係するものである。それらの変化と、それぞれにおいて上級管理職に要求されることは次の通りである。

スペシャリストからゼネラリストへ	主要部門で使われるメンタルモデル、ツールおよび用語を理解し、各部門のリーダーを評価するための枠組みを整備する。
分析者から統合者へ	部門横断チームの集合知を統合し、適切な妥協点を見出すことで、組織の複雑な問題を解決する。
戦術家から戦略家へ	細部と全体像の間を柔軟に行き来し、複雑な環境下の重要なパターンを見極めるとともに、カギとなる部外者の反応を予測し、これに影響を与える。
レンガ職人から設計者へ	戦略、体制、オペレーティングモデル、スキルベースが効果的かつ効率的にかみ合うように、組織システムの分析や設計のやり方を理解し、その理解をもとに必要な組織変更を行う。
問題解決者から課題設定者へ	組織が重視すべき課題を明らかにし、どこか一つの部門にきっちりと該当はしないが重要な問題を見つける。
兵士から外交官へ	政府、NGO、マスコミ、投資家など重要な外部関係者に影響を及ぼすことで、積極的に事業環境を整える。
脇役から主役へ	組織のロールモデルとして正しい行動を示し、直接的に、そして次第に間接的に、大人数の人々とコミュニケーションを取って、彼らを感化してゆく。

最初の二カ月ほど、彼は頭が混乱しており、適切な判断をする自信が持てずにいた。その結果、よくある罠に陥ってしまった。すなわち、自分が精通する部門は過剰に管理するが、それ以外の部門は十分に管理しなかったのである。ハラルドにとって幸いなことに、部下である販売マーケティング担当バイスプレジデントとの関係について、人事担当バイスプレジデントが率直に意見してくれたため、この問題が明らかになった。「部下がおかしくなりそうですよ。もう少し好きにさせてやってはどうでしょうか」

ハラルドが自分にとって快適な部門に関与しようとするのは、昇進して守備範囲が広くなることから来るストレスを考えれば、理解できる反応である。新任の事業リーダーがあらゆる部門に精通した世界一流の専門家であれば言うことはないのだろうが、もちろんそれはないものねだりである。場合によっては、彼らはさまざまな部門を担当したり、部門横断的なプロジェクトに参画したりして経験を蓄えており、それはたしかに役に立つ。しかし現実問題として、ある特定の部門のスペシャリストだった上級管理職が事業リーダーになるには、あらゆる部門を運営できるだけの知識を持ったゼネラリストに変身しなければならない。

具体的にはどういうことか。事業リーダーは、①事業全体にふさわしい決定を下し、②チームの人材を評価することができなければならない。その両方を行うためには、各部門にはそれぞれ、独自のメンタルモデルや言語で管理された文化があることを認識しなければならない。有能なリーダーは、財務、マーケティング、オペレーション、人事、R&Dなどそれぞれの専門家がビジネス上の問題に取り組む際の手法と、各部門が使う各種ツール（ディスカウントキャッシュフロー、顧客セグメンテーション、プロセスフロー、後継者育成、ステージゲート法など）を理解している。同時に、全部門の言語を話し、

図11-2｜強力な事業リーダーの育成法

キャリアの早い段階で、潜在的リーダーに以下の機会を与える。
●部門横断的なプロジェクトへの参加と運営責任 ●国際的な任務（グローバル事業の場合） ●幅広い事業段階の経験：立ち上げ、成長促進、業績維持、再編、立て直し、撤退
リーダーとして有望なことが明らかになったら、以下の機会を与える。
●シニアマネジャーのポジション ●外部ステークホルダー（投資家、マスコミ、重要顧客）対応 ●経験豊かな事業リーダーのチーフスタッフとしての任務 ●買収統合や大規模な再編を主導する役割
場合によっては、事業リーダーへの昇格前に、以下を受けさせる。
●組織設計、ビジネスプロセス改善、変革マネジメントなどの能力を扱い、外部人脈の構築を可能にするエグゼクティブプログラム
事業リーダーへの昇格時に、その新任リーダーを以下のような事業に配属する。
●小規模で独自性があり、好調な事業 ●経験豊かで言いたいことを言うチームメンバーがいて、そこから学習できる事業

必要に応じてその通訳ができなければならない。そして最も重要なのは、リーダーは自分の専門外の領域を管理するために、どのような質問をすればよいか、人材の評価や採用のためにどのような基準が必要かを知っていることである（**図表11－2**「強力な事業リーダーの育成法」を参照）。

ハラルドにとって幸いだったのは、好業績の事業を任されたことに加えて、社内に主要部門の人材を評価し、育成するための強力なシステムが整備されていたことである。具体的には、人事考課や三六〇度フィードバックのためのシステム、各部門の意見を収集するためのシステムなどである。たとえば、財務部長と人事部長はハラルド直属の部下であると同時に、それぞれ報告を上げる本社部門が別にあり、この仕組みが彼らの評価や育成の際にハラルドの助けとなった。つまり、各部門にとって「優秀」が何を意味するかを理解するための豊富な情報源となったのである（図表11-3「部門幹部をどう評価するか」を参照）。

企業は各部門の標準的な評価制度の作成に直接投資することで、新しい事業リーダーが状況を素早く把握しやすくなる。しかし、社内にそのようなシステムがなくても、意欲ある事業リーダーは、他部門の同僚たちと関係を築き、（おそらくは自部門に対する知見と引き換えに）彼らから学んで自分自身の枠組みをつくることにより、それなりの備えができる。

分析者から統合者へ

部門リーダーの第一の役割は、特定の事業活動の分析に深く関わる人材を採用、育成、管理することである。事業リーダーの仕事は、それらの部門の集合知を管理、統合して、組織の重要な問題を解決することである。

ハラルドは当初、この変化に悪戦苦闘し、数多くの相反する要求に応えようとした。たとえば、販売マーケティング担当バイスプレジデントは新製品を積極的に市場投入したがったが、オペレーションの責任者は販売担当者の需要シナリオに生産が追いつかないのではないかと心配していた。ハラルドのチームは、彼が供給サイド（オペレーション）と需要サイド（販売とマーケティング）のニーズのバランスを取ること、四半期の事業業績を重視すべき時（財務）と未来へ投資すべき時（R&D）とを見極め

図表**11-3**｜**部門幹部をどう評価するか**

事業リーダーは各部門の幹部全員の仕事を評価しなければならないが、自分と出身分野が同じ人ばかりとは限らない。特定部門について追跡すべき重要な指標と、トラブルの前兆を表す指標を体系的に列挙したシンプルな枠組みがあれば、新任リーダーにとって状況を把握するうえで役立つ。販売部門の例を以下に示す。

コアとなる業績指標	顧客指標
●自社と他社の主要製品の売上げ	●顧客満足／定着率
●主要製品の市場シェアの伸び	●購買パターン把握の証拠
●事業計画に対する実績	●販売担当者と顧客とのやりとりの平均頻度

人材管理指標	警戒サイン
●地域・地区別の欠員率	●失いたくない販売担当者の退職
●内部昇進率、内部の後継者の充実度	●売上げの伸び悩みまたは減少
●失いたくない社員の退職件数とその理由	●将来の販売担当リーダーの社内育成が不十分
●採用と選定の成功	●成果が伴わない人材の内部昇進
	●製品のメリットおよびデメリットの伝達ができない
	●組織の強みと弱みの評価が不十分
	●現場で過ごす時間や顧客とのやりとりの時間の不足
	●マーケティングなど重要部門との連携スキルの不足

ること、実行とイノベーションにどれだけの注意を払うべきか決めること、そして、他のもろもろの決定を下すことを期待した。

そうした相反する問題を解決するためにはやはり、さまざまな部門に関する一般的な知識が求められるが、それだけでは不十分である。必要なスキルは、分析よりも、いかに妥協点を見出し、その決定の根拠を説明できるかに関係してくる。ここでも、部門横断的なチームや新製品開発チームでの経験があれば、新任事業リーダーには役に立つだろう。シニアエグゼクティブのチーフスタッフとして働いた経験も同様である。だが結局、ハラルドが気づいたように、実際に決断を下し、その結果から学ぶことに代わる方法はない。

戦術家から戦略家へ

昇進間もない頃、ハラルドは数え切れないほどの事業の細部に没頭した。戦術的であるのは魅力的だった。活動は具体的で、すぐに結果が出る。したがって彼は、会議に出席し、決定を下し、プロジェクトを進めるという日々の業務にのめり込んだ。

ここで問題なのは、当然ながら、ハラルドの新しい役割の中心は担当事業の最高戦略家でなくてはならないことだった。そのためには、数多くの細部を忘れ去り、心と時間を解き放って、もっとハイレベルな問題に集中しなければならない。言うなれば、戦略的な考え方を採用する必要があったのだ。

戦術的に優れたリーダーが、どのようにして、そのような考え方を身につけることができるのだろうか。それには、①レベル変更、②パターン認識、③メンタルシミュレーションという三つのスキルを磨けばよい。

レベル変更とは、分析レベルを柔軟に変えられる能力である。細部を重視すべき時と全体像を重視すべき時をわきまえ、その二つの関係を知ることができる。

パターン認識は、重要な因果関係など、複雑なビジネスおよびその環境に生じる重大なパターンを識別する能力であり、ノイズの中からシグナルを見分けられる。

メンタルシミュレーションは、外部当事者（競争相手、規制当局、マスコミ、オピニオンリーダー）の反応を予期する能力であり、最善策を立てるために彼らの行動や対応を予測することができる。

たとえば、ハラルドが事業リーダーになった最初の年、アジアのある競争相手が、彼らの主力樹脂製品に対して低コストの代替品を売り出した。このためハラルドは、直近の脅威を検討するだけでなく、このライバルの将来的な意図が何であるかを、広い視野で考えることも必要になった。このアジア企業は、低コスト品を武器に顧客との強い関係を築き、もっと幅広い製品を徐々に提供していくつもりだろうか。もしそうなら、どのような選択肢を検討すべきか。ハラルドの選んだ策に相手はどう応じるか。

これらは、販売とマーケティングの責任者だった時には縁のなかった質問である。最終的に彼は、幹部たちとさまざまな方策を分析した結果、市場シェアの低下を食い止めるために、価格を下げて現在の利益を一部捨てることを選択した。この決定を後悔することはなかった。

戦略的な思考は先天的なものか、それとも後天的なものか。「その両方」というのが答えである。他のスキルと同様、戦略的思考が訓練で強化されるのは間違いない。だが、分析レベルを自在に変え、パターンを認識し、メンタルモデルを構築するためには、生まれつきの性向がある程度は必要であろう。リーダーシップ育成をめぐる矛盾の一つは、アメリカンフットボールで言うところのブロックとタックル（つまり実践的な技量）に秀でることにより、人々は上級レベルへの昇進を果たすが、戦略的素養を持つ社員は細部をあまり重視しないため、下位レベルの仕事で苦労する可能性があることだ。企業が戦略的思考家を特定し、彼らをキャリアの初期から多少なりとも保護することを明確な方針としなければ、育成プロセスの早すぎる段階で、彼らはダーウィン的な自然淘汰によって除去されかねない。

レンガ職人から設計者へ

上級管理職が、資格もないのに組織設計の仕事に手を出した挙げ句に、過ちを犯してしまうことは頻繁に起こる。事業レベルの役割に初めて就くと、何とか名を上げようとして、自分の行為が組織全体に及ぼす影響を十分に理解しないまま、戦略や体制など比較的容易に変えられそうな要素に目を向けてしまうのである。

たとえば、ハラルドは新しい役割に就いて四カ月ほど経った時、製品ラインよりも顧客をもっと重視するよう事業を再構築しなければならないと結論付けた。販売マーケティングの元責任者として、彼がこのように考えるのは自然なことだった。彼の目には、この事業が製品開発とオペレーションに依拠しすぎていること、事業の成立や成長の経緯を引きずった時代遅れの体制であることは明らかだった。そのため、再編を提案した時に、みんなが驚いて物も言えず、一拍置いてから猛反対したのにはびっくりした。

その後明らかになったのは、この成功を収めている事業部門の現体制が、その主要なプロセスや人材と複雑かつ、わかりにくい形で結び付いていることだった。たとえば、会社の化学製品を売るために、販売担当者には製品に関する深い知識と、その使用法について顧客に相談する能力が求められる。顧客重視のアプローチにシフトすれば、彼らはより広範にわたる複雑な製品を売り、新たな専門知識を大量に身につけなければならなかっただろう。したがって、顧客中心体制への移行には潜在的なメリットがある一方で、それによって失われるものも考えておく必要があった。たとえば、それを実行するには、プロセスの大幅な調整や社員の再教育への多大な投資が必要になる。このような変更には少なからぬ分析や検討が求められた。

事業全体を統括する立場のリーダーとして、彼らは組織のアーキテクチャー（戦略、体制、プロセス、スキルベース）の設計や変更に責任を負う。有能な組織設計者《アーキテクト》であるためには、システム思考が要求される。組織の主要要素がいかに整合するかを理解しなければならないし、かつてのハラルドのように、ある要素を変えるのに他の要素への影響をじっくり考える必要などないと無邪気に信じてはならない。部門リーダーの頃には組織をシステムとしてとらえる機会などなかったハラルドは、身をもってこれを学ぶこととなった。彼には、観察を通してそのような知見を得るだけの、大規模な組織変更の経験もなかった。

この点で、ハラルドは典型例といえる。事業リーダーは、組織設計、ビジネスプロセス改善、変革マネジメントの力学など、組織変更や変更管理の原則を知る必要がある。だが、飛ぶ鳥落とす勢いの上級管理職であっても、このような領域できちんとした訓練を受ける者はほとんどおらず、大部分が組織設計者になる準備ができていない。それどころか、組織開発専門家の仕事を賢く利用する準備すらできていない。

ここでも、ハラルドは運がよかった。最初は考えてもみなかった多くの相互依存性について、適切なアドバイスをしてくれるベテランのスタッフが存在した（ハラルドにも、彼らに頼るだけの機転があった）。もちろん、すべての新任事業リーダーがそれほど恵まれているわけではない。だが、会社がコストをかけて、組織変更について教えるエグゼクティブ向け教育プログラムに彼らを派遣すれば、この変化にもっと備えやすくなるだろう。

問題解決者から課題設定者へ

多くのマネジャーは、問題解決能力を買われてシニアレベルに昇進する。しかし事業リーダーになると、問題解決よりも、組織がどの問題に取り組むべきかを決めることに集中しなければならない。

そのためにハラルドは、彼の事業が直面するチャンスと脅威をことごとく把握し、最も重要なものだけにチームの意識を集中させなければならなかった。また、「ホワイトスペース」も特定しなければならなかった。ホワイトスペースとは、ダイバーシティなど、どこか一つの部門にきちんと該当はしないが、それでも事業にとって大切な問題をいう。

いまやハラルドが考慮すべき事項は途方もない数に上っていた。販売やマーケティングを担当していた頃に、彼は日、週、月単位で投げかけられるすべての問題に優先順位をつけるのがいかに難しいかを、それなりに理解していた。にもかかわらず、事業レベルのいくつかの問題に関わる範囲や複雑さには驚かされた。彼は自分の時間をどう配分してよいかがわからず、すぐに負担の重さを感じた。メンバーにもっと仕事を任さなければならないことはわかっていても、どの仕事なら他人に委ねても支障がないのかが、まだはっきりしなかった。

部門リーダーとして彼が磨いてきたスキル、つまり販売やマーケティングのツールや技術、組織ノウハウ、人員配置やチームワーク促進の能力だけでは太刀打ちできなかった。チームが重視すべき問題を解明し、課題を設定するために、彼はこれまで馴染んでいたよりもずっと不確かで不明瞭な環境に対処することを学ばなければならなかった。また、組織が対応できるような仕方で優先順位を伝えることも学ぶ必要があった。ハラルドには販売やマーケティングのバックグラウンドがあるので、課題の伝達方法にはさほど苦心しなかった。難しかったのは、課題が何かを見極めることだった。経験から学ぶしかない面もあったが、ここでも彼はチームメンバーに助けられた。メンバーたちは、ハラルドが検討しなければならない問題をわかっており、それについて彼にアドバイスを強く求めたのである。会社の年間計画立案プロセスも、事業の主な目標を決めるうえで頼りになった。

兵士から外交官へ

以前の仕事では、ハラルドは敵を倒すために部隊を率いることを何よりも重視していた。いまは気がつけば、規制当局、マスコミ、投資家、NGOなど、数多くの外部関係者に影響を与えることに、驚くほどたくさんの時間を使っていた。彼のサポートスタッフの元には、ハラルドに時間を割いてほしいという要請がひっきりなしに舞い込んでくる。「官公庁主催の業界や政府のフォーラムに参加してもらいたい」「有力ビジネス誌の編集者からのインタビューを受けてもらえないか」「重要な機関投資家グループと会ってほしい」――。このような要請をする団体には、よく知っている団体もあれば、全然知らない団体もあった。しかし、ハラルドがまったく未経験だったのは、さまざまな関係者と付き合うことに加えて、会社の利益になるような方法で彼らの関心事に積極的に対応しなければならないことである。過去の経験などは、会社の外交官になるという難題にはほとんど役に立たなかった。

有能な企業の外交官は何をすべきか。交渉、説得、コンフリクト管理、アライアンス構築などの外交ツールを使って、戦略目的の達成を支援するための外部事業環境を形成する。その過程で、気がつけば、市場で毎日激しく競争する相手と協力し合っていることも少なくない。

これを首尾よく実現するため、事業リーダーは新しい考え方を受け入れなくてはならない。すなわち、互いの利益が一致する方法を探し、各種組織での意思決定の仕方を理解し、他者に影響を及ぼすための効果的な戦略を策定しなければならない。さらに、政府向け広報、企業広報など重要な支援部門の専門家など、これまでおそらく監督したことがない社員の採用・管理術を知る必要がある。このような社員の活動は、四半期や年間の成果を重んじる実際の事業よりもスパンが長いことを理解しなければならない。政府の規制策定に向けたキャンペーンなどの取り組みには、展開するまでに何年もかかることがある。ハラルドはこのことを理解するのにしばらく時間がかかった。その間にスタッフが、長期間にわたり苦労して問題を管理してきたこと、そしてリーダーが問題から目を逸らすたびに嘆かわしい結果を招いたことを、彼に説いて聞かせた。

脇役から主役へ

最後に、事業リーダーになるとは、明るい照明が当たるセンターステージへ移ることを意味する。注目の度合いが違うことや、ほぼ常にガードを固めていなければならないことに、ハラルドは驚かされた。部下たちが彼の言動をいかに重んじるかを知って、いささかショックを受けた。たとえば、事業リーダーに任命されて間もなく、彼はR&D担当バイスプレジデントと会談し、ある既存製品の新たなパッケージ方法についていろいろな考えを述べた。すると二週間後、その実現可能性に関する仮リポートが彼の机の上に置かれていた。

このような変化は、ロールモデルとしての影響力がぐんと高まるということでもある。どの階層のマネジャーも多少なりともロールモデルであるのは間違いない。だが事業レベルでは、その影響力が半端ではなく、みんなが事業リーダーに、ビジョン、インスピレーション、「正しい」行動や態度のヒントを期待する。よかれ悪しかれ、シニアリーダーのスタイルや性癖は伝染しやすい。それらは人々が直接見聞きする場合もあれば、部下への報告を通して組織の末端にまで伝わる場合もある。これは避けられない現象ではあるものの、自己認識を高め、部下の視点に共感を抱く時間を取ることで、事業リーダーは不用意な言動を減らすことができる。何だかんだ言っても、少し前までは、彼らも部下として上司の言動から同じような推測をしていたのだ。

では、大勢の人たちを率いるとは、現実的にどういうことなのか。魅力あるビジョンを示し、それを感動的なやり方で共有するには、どうすればよいのか。製品と一緒にアイデアを売り込むことに慣れており、すでに優れたコミュニケーターであったハラルドだが、この点に関してまだまだ考え方を改める必要があった（同じ立場の他の人たちよりはましだったかもしれないが）。以前の仕事では、彼はほとんどの社員と散発的とはいえ、それ相応の個人的な付き合いがあった。いまや世界中の三〇〇〇人余りを監督する身なので、そのようなことはそもそも不可能である。

これが意味することは、チームと協力して年間の戦略を練るうちに明らかになった。戦略を組織に伝える段になってハラルドが気づいたのは、自分自身でそれを売り込みに行けないことだった。直属の部下を通じて働きかけるほか、ビデオなど他の手段を見つけて話を広めなければならなかった。事業部門の大半の拠点を回った後、現場で起きていることを本当に知ることはできないのではないかと、ハラルドは心配になった。そこで、拠点訪問の際にリーダーだけに会うのではなく、少人数の現場社員と一緒に社内でランチを取ったり、社員が会社についてコメントできるオンライン討論会にも耳を傾けたりした。

多くの場合、以上の七つの変化には、左脳による分析的思考から右脳による概念的なマインドセットへの切り替えが必要である。しかし、だからといって、事業リーダーが戦術や個別部門の関心事に時間を割かないというわけではない。以前のポストにいた時と比べて、そうしたことに費やす時間がはるかに少ないというだけである。実際に、新たな役割に費やす時間を確保するため、チーフスタッフ、COO、プロジェクトマネジャーなどに現場の実施状況を見てもらうと役に立つことが多い。

＊　＊　＊

ハラルドの話はよい結末を迎えた。彼は幸いにも、リーダーシップ育成を信条とする会社で働いており、有効な助言ができ、また助言をすることをいとわない経験豊かなチームと仕事をすることができたからだ。このため、ちょっとした問題がたびたび生じたにもかかわらず、事業は引き続き成功を収め、ハラルドは最終的に、事業リーダーとしての一歩を踏み出すことができた。そして三年後、彼はこのような経験をもとに、業績が振るわないもっと大きな事業を任され、見事に業績回復を果たした。振り返って彼は、「現在持っているスキルが、これから必要になるスキルだとは限りません。だからといって過去の実績がないがしろにされるわけではありませんが、その実績が次なる旅程に必要なすべてというわけでもありません」と語っている。

『Harvard Business Review』（HBR）とは

ハーバード・ビジネス・スクールの教育理念に基づいて、1922年、同校の機関誌として創刊された世界最古のマネジメント誌。米国内では29万人のエグゼクティブに購読され、日本、ドイツ、イタリア、BRICs諸国、南米主要国など、世界60万人のビジネスリーダーやプロフェッショナルに愛読されている。

『DIAMONDハーバード・ビジネス・レビュー』（DHBR）とは

HBR誌の日本語版として、米国以外では世界で最も早く、1976年に創刊。「社会を変えようとする意志を持ったリーダーのための雑誌」として、毎号HBR論文と日本オリジナルの記事を組み合わせ、時宜に合ったテーマを特集として掲載。多くの経営者やコンサルタント、若手リーダー層から支持され、また企業の管理職研修や企業内大学、ビジネススクールの教材としても利用されている。

マネジャーの教科書——ハーバード・ビジネス・レビュー マネジャー論文ベスト11

2017年9月13日　第1刷発行
2025年5月16日　第8刷発行

編　者——ハーバード・ビジネス・レビュー編集部
訳　者——DIAMONDハーバード・ビジネス・レビュー編集部
発行所——ダイヤモンド社
〒150-8409　東京都渋谷区神宮前6-12-17
https://www.diamond.co.jp/
電話／03·5778·7228（編集）　03·5778·7240（販売）
装丁デザイン—デザインワークショップJIN（遠藤陽一・金澤彩）
製作進行——ダイヤモンド・グラフィック社
印刷————新藤慶昌堂
製本————ブックアート
編集担当——人坪亮

ISBN 978-4-478-10337-1